# Guide Pratique Pour

# Chrétiens Nés De Nouveau

## Apôtre Dr. Michel Vovor

Ce livre a été imprimé aux États-Unis d'Amérique
**Ceci est la traduction française de l'original publié en Anglais.**

Pour commander des exemplaires de ce livre veuillez contacter:
Xlibris Corporation
1-888-795-4274
www.Xlibris.com ou www.Michel Vovor.net
96071

# TABLE DES MATIÈRES

# GRATITUDE SPÉCIALE

Mon épouse *Esther,*

Pour ta fidélité, ton amour et ton esprit de pardon. Que ceci soit pour toi une marque de mon appréciation pour avoir tenu face aux assauts répétés de toutes sortes et surtout face à l'adversité et à l'humiliation. Sûrement, Le SEIGNEUR Dieu te récompensera au delà de ton imagination.

Mes filles : *Géraldine, Isabelle-Nancy, Vanessa et Kezia-Michèle,*

La tempête est passée et désormais nous pouvons voir la lumière. Les Pleurs peuvent durer toute la nuit, mais la joie vient le matin. Merci pour votre sens de rémission et votre amour. Je suis si fier de vous toutes ! Je vous bénis avec la dernière fibre de mon être. Aussi sûrement que le Seigneur est vivant, vous serez toujours à la tête et pas la queue, et il n'y aura plus jamais de manque dans votre vie au nom puissant de Jésus, amen !

Mon parrain spirituel, *Dr. William P. Hohman* et son épouse *Pamela*

Vous êtes vraiment bénis et oints de Dieu. Merci de m'avoir donné l'occasion d'être formé par vous. Je vous remercie d'être un si formidable exemple spirituel pour moi. Vous avez profondément imprégné ma vie spirituelle. Vous me faites ressentir comme Élisée attendant la chute du manteau d'Elie pour obtenir sa double portion. Merci de tout mon cœur et que Dieu vous bénisse !

Mon père dans le ministère **Évêque Dr Byron Johnson,**

Quel long chemin parcouru ! Je suis si fier d'avoir quelqu'un comme vous a mes côtés. Votre humilité et votre sang-froid sont une telle inspiration pour moi. Merci d'avoir été toujours là quand je me suis senti abandonné. La lutte continue ! Merci et que Dieu vous bénisse !

# AVANT-PROPOS

Force est de constater que le monde d'aujourd'hui est plutôt friand d'enseignements bibliques relevant bien plus de faits intellectuels ne servant qu'au seul but de renforcer leur fierté spirituelle. Cependant l'apôtre Paul nous met en garde:

*« Car il arrivera un temps ou les hommes ne supporteront pas la saine doctrine ; mais ayant la démangeaison d'entendre des choses agréables. Ils se donneront une foule de docteurs selon leur propres désirs, détourneront l'oreille de la vérité et se tourneront vers les fables »*
*2Timothée4 :3-4*

Le livre du Dr Michel Vovor « ***Guide pratique pour chrétiens nés de nouveau*** » est une contre attaque contre l'esprit du temps, en ceci qu'il permet à tout croyant d'être renforcé dans la croissance spirituelle et l'avancement dans la connaissance du royaume de Dieu, par la mise en pratique de principes divins basés sur des passages bibliques. Le roi David éclaire notre lanterne sur l'importance de ses principes dans le *Psaume 19 :8-11* quand il dit :

*« La loi de l'Eternel est parfaite, elle restaure l'âme;le témoignage de l'Eternel est véritable, il rend sage l'ignorant. Les ordonnances de l'Eternel sont droites, elles réjouissent le cœur ; les commandements de l'Eternel sont purs, ils éclairent les yeux. La crainte de l'Eternel est pure elle subsiste à toujours ; les jugements de l'Eternels sont vrais, ils sont tous justes. Ils sont*

*plus précieux que l'or, que beaucoup d'or fin. Ils sont plus doux que le miel, que celui qui coule des rayons. »*

Par ailleurs, celui qui désire vraiment connaitre Dieu, doit apprendre à bâtir une forte relation intime avec lui ; de la même manière que nous le faisons avec un ami intime. Dans toute relation il existe des principes qui doivent être appliqués afin d'asseoir une fondation solide qui permettrait à cette relation de croitre et de renforcer la confiance mutuelle. C'est ainsi que le croyant qui lira ce livre, quelque soit son degré de relation avec Dieu, se renforcera d'avantage tout en bâtissant une plus solide fondation dans la foi ; ce qui lui permettra de croitre spirituellement. Rappelez—vous de ce que l'apôtre Paul nous dit :

*« Toute écriture est inspirée de Dieu, et utile pour enseigner, pour convaincre, pour corriger, pour instruire dans la justice, afin que l'homme de Dieu soit accompli et propre à toute bonne œuvre.»*
*2Timothée3 :16-17.*

Je suis convaincu que toute personne qui lira ce livre éprouvera une joie non seulement dans son étude, mais aussi à rentrer dans une plus grande intimité dans sa relation personnelle avec Dieu, en mettant en application dans sa vie ces vérités toutes simples.

Dans l'amour et au service de Christ,

**Apôtre, Dr William P. Hohman**
**Président du Collège Biblique NTC**
**Merrill, Wisconsin USA**

# INTRODUCTION

Mon intention en écrivant ce livre est de fournir au chrétien né de nouveau, un outil utile pour l'aider à se développer dans la foi chrétienne en augmentant son désir de savoir chaque jour un peu plus sur celui qui volontairement a donne sa vie pour nous réconcilier avec notre Père céleste: Jésus Christ. Nous aurons l'occasion d'expliquer l'essentiel de ce que signifie être sauvé (être né de nouveau) et quelle puissance de transformation de vie nous subissons avec le salut. Le salut n'est pas la fin de notre séjour terrestre, mais au contraire le début d'une merveilleuse aventure avec le Seigneur Jésus et le Saint Esprit. Le Seigneur attend de nous que nous vivions une vie juste jusqu'à ce qu'il revienne ou jusqu'à ce que nous mourrions.

Vivre une vie juste exige de nous une obéissance totale à la parole et à la volonté de Dieu. Nous sommes sur cette terre par la volonté de Dieu.

A la création de l'humanité il y avait une harmonie parfaite et complète entre l'être humain et Dieu. Il a créé l'humanité pour être en relation parfaite avec elle tout en reflétant sa gloire. Dieu a voulu que ce rapport parfait continuât pour toujours. Cependant quand Adam et Ève sont tombés dans le péché, cette merveilleuse relation que Dieu a eu l'intention d'avoir avec eux ont été détruite par la rébellion pécheresse d'Adam et Ève contre lui. Jusqu' à ce jour cette chute affecte tous les aspects de notre vie. Nous avons hérité des conséquences de cette rébellion de nos aïeuls : Adam et Ève.

A l'image de Dieu, nous avons été crées comme objets d'expression de son amour. A L'homme a été donné domination sur la terre dans son entièreté et sa plénitude, excepté l'arbre de la connaissance du bien et du mal. Dieu a fixé les limites et a également annoncé la conséquence de la désobéissance à son commandement.

« . . . mais tu ne mangeras pas de l'arbre de la connaissance du bien et du mal, car le jour où tu en mangeras, tu mourras certainement » Genèse2:17.

Ne pas obéir à la volonté de Dieu s'appelle péché. Le péché cause notre éloignement de la présence et de la gloire de Dieu. Cette séparation de Dieu s'appelle également la mort. Il s'agit ici D'une mort spirituelle et non physique.
La bible indique que la pénalité du péché est la mort. Dès le moment de notre conception nous sommes pécheurs.

« Voici, je suis né dans l'iniquité, Et ma mère m'a conçu dans le péché » Psaumes 51:7

Depuis notre enfance et cause de notre nature humaine, nos pensées et imaginations sont portées vers le mal.

« Parce que les pensées du cœur de l'homme sont mauvaises des sa jeunesse ; et je ne frapperai plus tout ce qui est vivant comme je l'ai fait » Genèse 8:21

Les êtres humains sont entrés en guerre contre Dieu, et de ce fait ont aliéné la vie avec Dieu par la cécité ignorante de leur état de pécheurs.

« Avec l 'espérance qu'elle-aussi sera affranchie de la servitude de la corruption, pour avoir part à la liberté de la gloire des enfants de Dieu » Romains 8:21.

Ainsi nous tous avons péché et ne sommes pas à la hauteur de la gloire de Dieu. Personne ne peut prétendre être sans péché. Tous, nous avons besoin de la grâce de Dieu pour recevoir la rémission de nos péchés.

Nous commettons souvent l'erreur fatale de graduer les péchés du moins mauvais au pire des péchés. Nous croyons pour ainsi dire, que certains péchés sont plus tolérables que d'autres. C'est ainsi qu'aux yeux des hommes le meurtre est souvent considéré pire que le mensonge ou l'adultère.

Ceci est une erreur grave qui nous est suggérée par le diable. Dieu ne met pas de graduation sur nos péchés à savoir si tel péché est plus grave qu'un autre. Pour Dieu tout péché est péché, du fait qu'il constitue une désobéissance à son commandement. La graduation des péchés relève de la manipulation du diable, suggérée à l'esprit des hommes pour alléger leurs consciences, afin qu'ils pèchent en toute tranquillité de conscience. Or nous devons savoir que tout péché est péché et que tout péché nous sépare de Dieu. Personne n'entrera en présence de Dieu ; même pas avec ce que nous appelons le moindre des péchés.

Tout péché doit être expié c'est à dire couvert par le sang du Christ. Rappelez-vous en la prochaine fois que vous êtes tentés de regarder avec dédain un autre pécheur parce que vous pensez que son péché est pire ou plus condamnable que le vôtre !

Dieu vous regarde tous deux de la même manière.

Tous deux vous avez besoin de la même rémission de péchés et aucun d'entre vous n'entrera au ciel quelque soit le degré votre péché si ce n'est par le sang de Jésus-Christ. Nous ne sommes justifies, sanctifies et réconciliés avec Dieu que quand nous croyons au sacrifice expiatoire de Jésus par son sang versé pour nous.

Peu importe notre passé, tous nos péchés peuvent être couverts et aucun péché n'est plus grand que d'autres.

C'est seulement par la couverture du sang du Christ que nous sommes réconciliés avec lui et pouvons prétendre passer l'éternité avec lui. Dieu lui-même est venu en chair pour nous racheter et nous ramener à lui.

Ceci s'appelle la nouvelle naissance par le salut. *2Corinthiens 5 :17* La nouvelle naissance exige de nous une nouvelle vie en Christ.

Nous aurons l'occasion dans les chapitres suivants de nous appesantir sur les principes de base qui soutendent cette nouvelle vie chrétienne tels que:

a. Une Meilleure connaissance de notre statut après notre salut et de l'exercice de notre foi.

b. Une meilleure prise de conscience de notre rédemption et comment jouir désormais de la paix de Dieu,

c. Comment prendre conscience de la puissance dont nous disposons pour conquérir le doute et l'incrédulité et lutter contre l'ennemi de notre âme.

d. Une Meilleure connaissance du seul et unique Dieu révélé en Père, Fils et Saint Esprit.

e. Comment prier et que dire en priant,

f. Comment dépendre de l'Esprit Saint,

g. Pourquoi chercher la camaraderie avec d'autres croyants en fréquentant l'église?

h. Comment être sans égoïsme au service d'autrui dans la pratique,

i. Comment surmonter les tentations en gardant notre cœur et en mettant sous garde notre langue,

j. Comment témoigner du Christ et inviter d'autres à venir à lui.

k. Comment participer aux souffrances de notre Seigneur Jésus Christ.

l. Enfin comment se tenir prêt pour le retour prochain de notre Seigneur Jésus-Christ : l'enlèvement

Que le Seigneur Dieu Tout Puissant vous assiste par son Esprit Saint afin qu'il se produise une profonde transformation dans votre vie en lisant ce livre et en appliquant ces principes simples, au nom puissant de Jésus-Christ Amen !

# CHAPITRE I

# Le salut est un cadeau de Dieu

Beaucoup, y compris certains chrétiens nés de nouveau se posent la question de savoir pourquoi Dieu dans toute sa souveraineté et en toute éternité a du décider de créer l'humanité et dans quel but ? Dieu s'est-il ainsi ennuyé au point qu'il eu besoin d'un compagnon ou des compagnons ? Sinon pourquoi alors nous a-t-il créés ?

La bible indique qu' « *Au commencement Dieu créa les cieux et la terre. La terre était informe, et il y avait des ténèbres à la surface de l'abime. Et l'esprit de Dieu se mouvait au dessus des eaux.* »
*Genèse 1:1-2*

Avant la création de la terre et des cieux, il y avait le néant, un vaste vide. Je vous invite à suivre ce parallèle afin de vous permettre une meilleure compréhension. Nous utiliserons l'exemple d'un couple marié jouissant d'un parfait état de santé et qui désire avoir un enfant. La question est : Pourquoi est-ce qu'un tel couple déciderait-il d'avoir un enfant ? Un couple décide d'avoir un enfant entre autre, de sorte qu'ils puissent lui témoigner leur amour. Il en est de même avec Dieu, mais à un degré encore plus élevé, parce que Dieu est parfait. Plus qu'un couple, Dieu est suffisant en soi, c'est à dire souverain.

Dieu ne nous a pas créés par besoin, mais par amour. Il nous a créés, pour nous aimer. De même que notre couple préparera une chambre pour l'enfant à naitre, de même Dieu a créé ce grand et merveilleux monde pour nous, avant que nous fumes créés.

Dieu est Amour et il manifeste son amour à travers les œuvres *de ses mains. Comment Dieu a-t-il pu contenir cet amour immense ?* Quand nous disons que Dieu est amour, nous voulons dire que ceci fait partie de ses attributs.

Nous étudierons les attributs de Dieu plus tard dans ce livre. La nature de l'amour est une force qui s'exerce vers l'extérieur. Par sa nature, Dieu a dû créer. Il est impossible à Dieu d'aimer le néant. Ainsi, par amour, il nous a créés, pour nous aimer. La question inhérente est pourquoi nous a-t-il crée avec le libre arbitre ? Et la réponse est toute simple : par amour !

Pour mieux éclairer notre lanterne, continuons notre exemple du couple sain voulant d'un enfant à aimer.

Il ne viendra jamais à l'esprit de ce couple d'avoir un chiot en lieu et place d'un enfant. Le couple décide d'avoir un enfant qui inévitablement leur ressemblera.

Le couple enseignera à cet enfant ses manières, mais l'enfant aura sa propre pensée et sa propre faculté de raisonnement.

Dieu créa l'homme à sa propre image et sa ressemblance. Mâle et femelle il les a créés.

Dieu nous a créés à sa propre image, et nous a dotés du pouvoir de penser et de raisonner. Par son amour nous avons été créés, de sorte qu'il puisse nous aimer.

Nous sommes donc l'expression de l'amour de Dieu. Dieu a non seulement créé l'humanité avec le libre arbitre c'est à dire, la capacité et la responsabilité de faire des choix moraux.

Il nous a aussi donné l'occasion d'exercer ce choix :

*« L'Eternel Dieu donna cet ordre à L'homme: Tu pourras manger de tous les arbres du jardin; mais tu ne mangeras pas de l'arbre de la connaissance du bien et du mal, car le jour ou tu en mangeras, tu mourras certainement »*
*Genèse 2:16-17.*

Au lieu d'obéir à Dieu, Adam et Ève ont fait des choix immoraux plongeant l'humanité toute entière dans le mal, la mort, et les futilités de ce monde:

*« C'est pourquoi, comme par un seul homme le péché est entré dans le monde, et par le péché la mort, et qu'ainsi la mort a passé à tous les hommes, en ce que tous ont péché.»*
*Romains 5:12*
*« Car qu'est-ce que l'homme a de tout son travail, et du rongement de son cœur, dont il se travaille sous le soleil? Puisque tous ses jours ne sont que douleurs, et son occupation que chagrin; même la nuit son cœur ne repose point; cela aussi est une vanité. »*
*Ecclésiaste 2:22-23.*

La fonction de toute créature est déterminée d'avance par son créateur. L'ingénieur qui crée un moteur connait d'avance les limites de sa performance.

Quand nous achetons par exemple un véhicule, le constructeur nous impose une vitesse maximale à ne pas dépasser.

Le constructeur nous met ainsi en garde contre tout dépassement de cette vitesse qui ne garantirait plus le bon fonctionnement de son moteur. D'après la bible, Dieu a créé l'humanité, « à son image « c'est-à-dire, avec certains de ses propres attributs, de sorte que nous puissions entretenir une relation spéciale et personnelle avec lui.

Dieu nous a créés avec une conscience de lui, avec la liberté de faire des choix moraux, avec la capacité de l'aimer et aimer d'autres, avec la capacité de nommer les choses et de communiquer linguistiquement, et aussi avec la responsabilité de bien contrôler et dominer la terre et tout ce qui s'y trouve.

Dieu, non seulement nous a donné la liberté, la capacité, et la responsabilité de faire des choix moraux, il nous a donné l'occasion d'exercer ce choix. Mais au lieu de lui faire confiance, les hommes ont finit par faire des choix immoraux. Pourtant le plan de Dieu était d'appeler les hommes hors de la corruption du monde pour les adopter comme ses propres enfants.

Enfants de Dieu, nous sommes appelés à partager sa gloire éternellement. Dieu projette donc de créer un monde futur où ses enfants jouiront de son amour et le glorifieront éternellement. La vie auprès de Dieu est notre destination finale. Elle nous remplira de joie; devant la présence de Dieu se trouve la joie dans sa plénitude. C'est cela son plan de rachat qui nous est offert par le salut.

Dans l'évangile de Jean, Jésus parlant avec Nicodème, un grand professeur de la loi, Pharisien de son état, a dit:

*« En vérité, en vérité, je te dis: Si quelqu'un n'est né de nouveau, il ne peut voir le royaume de Dieu. »*
*Jean3:3.*

Nicodème a été choqué parce que jusqu'ici il a pensé que cela suffisait d'observer la loi et que c'était assez pour s'assurer une place dans le ciel auprès de Dieu. Par ailleurs il ne pouvait pas comprendre comment une personne adulte comme lui et à son âge avancé, devra naître de nouveau. Nicodème n'a pas traduit les mots de Jésus en langage spirituel, pensant qu'il devra se réintroduire dans l'utérus de sa mère pour naitre de nouveau.

La nouvelle naissance, c'est d'accepter le cadeau de la rédemption de Dieu à travers le sacrifice de son unique fils : Jésus-Christ.
Certains pensent que la doctrine de la nouvelle naissance est une religion nouvelle ou un nouveau mouvement dans le christianisme.
Certains vont même jusqu' à penser que les chrétiens qui se disent nés de nouveau appartiennent à une secte. Au fond, si nous prenons la secte stricto sensu, ces gens n'ont pas tout à fait tord. Car qu'est ce qu'une secte ? Une secte est une association secrète de personnes qui entretiennent une fraternité entre elles et qui se reconnaissent par des codes secrets. L'accès aux réunions ou ASSemblées de la fraternité n'est possible qu'a ceux qui en détiennent le code secret. C'est par exemple le cas de la Franc-maçonnerie, la rose croix, etc.
Le christianisme de la nouvelle naissance, est par analogie une secte ou les membres entretiennent une fraternité et dont l'accès aux réunions

et assemblées est régis par le code de l'appartenance à Jésus-Christ. Contrairement aux autres sectes, cet accès est libre à tous.

Aussi le christianisme s'apparente t-il à une secte c'est à dire une association fraternelle de personnes qui se réclament de Jésus Christ et dont le code secret est l'acceptation du sacrifice expiatoire de Christ, qui leur confère une nouvelle naissance.

La différence entre le christianisme et les vraies sectes est que l'accès aux assemblées et réunions de chrétiens est libre et ouvert à tous sans distinction de race de couleur, ni d'opinion politique ou religieuse.

## Qui peut naitre de nouveau ?

La réponse est très claire. Tout le monde peut être sauvé et recevoir ainsi la nouvelle naissance. Le salut n'est pas réservé à une catégorie de personne.

Dès l'instant que vous vous repentez de vos péchés, et que vous croyez en votre cœur et confessez avec votre bouche que Jésus-Christ est le fils de Dieu, qu'il est venu et est mort sur la croix pour vos péchés, est ressuscité des morts, est assis à la droite du Père, vous recevez immédiatement le salut. Seuls, le repentir vrai, la foi en Christ et la confession de votre bouche peuvent vous garantir le salut.

« *Si tu confesses de ta bouche Jésus comme Seigneur et que tu croies dans ton cœur que Dieu l'a ressuscité d'entre les morts, tu seras sauvé.* » Romains 10:9

## Le plan de salut de Dieu en 2 phases

D'aucun penserait que le plan de salut de Dieu commença par la naissance de Jésus-Christ.

Une bonne lecture de la bible prouve qu'en réalité le plan de salut de Dieu s'est déroulé en deux phases et a été annoncé dès le jardin d'Éden

## Phase 1

Dans une première phase, Dieu empêcha l'homme de devenir éternel. Devenu éternel, son rachat n'aurait plus été possible.
Genèse3:22. « *Et l'Éternel Dieu dit: Voici, l'homme est devenu comme l'un de nous, pour connaître le bien et le mal; et maintenant, afin qu'il n'avance pas sa main et ne prenne aussi de l'arbre de vie et n'en mange et ne vive à toujours . . !* »

« *Il chassa l'homme, et plaça à l'orient du jardin d'Éden les chérubins et la lame de l'épée qui tournait çà et là, pour garder le chemin de l'arbre de vie.* »
*Genèse 3 : 24*

## Phase 2

Dans une deuxième phase, Dieu annonça le salut tel que nous le connaissons aujourd'hui, par Jésus Christ qui est la semence de la femme.

« *Et je mettrai inimitié entre toi et la femme, et entre ta semence et sa semence. Elle te brisera la tête, et toi tu lui briseras le talon* »
*Genèse 3:15.*

Pour saisir entièrement la nécessité et le besoin de notre salut, nous emploierons l'illustration suivante.

Supposons que j'ai commis un crime impardonnable selon le standard de la société dans laquelle je me trouve et que la peine de mort soit aussi autorisée dans cette société. Ce crime est si honteux que la société ait décidé que la seule punition et le seul paiement juste de cette faute soit ma mort. La société par sa justice me condamne donc à la peine de mort. Supposons Plus loin que pendant que je sois en prison, attendant mon exécution, dans ma cellule de condamnés à mort, je commence à essayer de me libérer de cette extrême sentence. Voici quelques scénarios possibles.

### 1. Mon évasion de prison.

Ma première tentative pourrait être de m'échapper. Quand bien même je puisse m'échapper j'aurais la peine de mort suspendue au-dessus de ma tête.

Et pour cette raison certainement je ne serais jamais en sécurité où que je puisse être. Je ne me sentirai jamais libre. Je me cacherai, avec la crainte perpétuelle d'être rattrapé un jour. Dans ce cas, je risque même de commettre d'autres crimes.

Quand bien même je réussirais à m'échapper, à un certain moment je serai rattrapé, mis sous surveillance beaucoup plus stricte et finalement mis a mort. M'échapper n'est donc qu'une évasion provisoire à mon exécution.

Mon crime ne sera payé que part la mort physique de quelqu'un.

### 2. L'exemplarité de ma bonne conduite et de mon dur labeur

Dans ce scenario, j'essaye de payer mon crime en étant bon et assidu travailleur et en affichant un comportement exemplaire.

Ma prochaine tentative pourrait être de conclure un marché avec mon geôlier, ou le juge, la famille de la victime ou même avec la société civile. Je pourrai ainsi promettre de faire du bien. Je promettrais de ne plus jamais faire de mal à autrui. Je serai un prisonnier modèle si seulement ma sentence de mort pourrait être commuée en peine de prison à vie. Mais toutes ces personnes me répondront « Pas question! Le seul paiement équitable de votre crime, c'est votre propre vie, et non vos bons travaux, ni votre bonne conduite»

De la même manière Le salut ne peut être obtenu par nos bonnes œuvres. Nous manquons aux normes de Dieu quand nous nous comparons à lui. Jésus dit,

*« Car je vous dis que si votre justice ne surpasse celle des Scribes et des Pharisiens, vous n'entrerez point dans le Royaume des cieux. »*
*Mathieu 5:20*

En fait, il disait qu'à moins que vous soyez parfaits vous ne pouvez pas aller au ciel. Quelque bonne qu'ait été la vie d'une personne, elle tombe toujours infiniment bas par rapport à la droiture et la sainteté de Dieu.

*« Et tous, nous sommes devenus comme une chose impure, et toutes nos justices, comme un vêtement souillé; et nous sommes tous fanés comme une feuille, et nos iniquités, comme le vent, nous emportent; »*
*Esaïe 64:6*

*L'apôtre Paul réitère :*

*« Car vous êtes sauvés par la grâce, par la foi, et cela ne vient pas de vous, c'est le don de Dieu; non pas sur le principe des œuvres, afin que personne ne se glorifie;" Éphésiens 2:8-9*

La bible enseigne que ce ne sont pas seulement nos péchés commis qui nous rendent coupables mais avant tout notre nature pécheresse. En d'autres termes, tous nous sommes dotés d'une propension à faire le mal. Cette propension est plus accentuée chez certains plus que d autres, mais tous, nous avons la même capacité à faire le mal.

Ainsi devons nous admettre constamment nos péchés et surtout éviter de juger autrui. C'est un problème universel. Paul écrivant aux chrétiens de Rome dit:

*« Car tous ont péché et n'atteignent pas à la gloire de Dieu," Romains 3:23. Le prophète Esaïe a écrit : «et il n'y a personne qui invoque ton nom, qui se réveille pour te saisir! Car tu as caché ta face de nous, et tu nous as fait fondre par nos iniquités. »*
*Esaïe 64:7*

## 3. Obtenir la Grâce d'une Haute Autorité

Dans le cas d'espèce, nous supposons que j'ai épuisé toutes mes possibilités d'échapper à la sentence de mort.

Je ne peux donc y échapper, ni par ma bonne conduite, ni par mes œuvres et ni même par mon évasion.

Mon seul espoir reste, qu'une haute autorité, fut-elle Roi ou un Président de la république, puisse me faire bénéficier de sa grâce et ordonner ma libération.

La première possibilité serait un pardon du Président ou du Roi. Cela se fait et c'est certainement possible. Cependant, il y aura toujours un problème.

Avec le pardon mon crime demeure toujours intact ainsi que la douleur et les souffrances causées à autrui par mon crime. Il est vrai que le pardon, en d'autres terme, la grâce royale ou présidentielle de l'autorité me tire légalement d'affaire, mais en réalité elle ne répare pas ma faute.

Celle-ci demeure donc toute entière.

## Le salut nous est donné par la Grâce de Dieu et non par nos bonnes œuvres.

Paul écrivant aux chrétiens d'Éphèse dit :

*«Car vous êtes sauvés par la grâce, par la foi, et cela ne vient pas de vous, c'est le don de Dieu non pas sur le principe des œuvres, afin que personne ne se glorifie »*
*Éphésiens 2: 8-9.*

Personne ne peut gagner son salut. Que diriez-vous des bonnes œuvres cependant ? Toute tentative de mériter le pardon de nos péchés par de bonnes œuvres serait une cinglante moquerie de ce que Dieu a fait pour nous. Ce n'est pas une bonne idée. Paul continue d'écrire,

*«Car nous sommes son ouvrage, ayant été créés dans le Christ Jésus pour les bonnes œuvres que Dieu a préparées à l'avance, afin que nous marchions en elles »*
*Éphésiens 2:10.*

En dehors du fait que nous soyions créés pour effectuer de bonnes œuvres et pour vivre un style de vie qui reflète le caractère saint de Dieu, c'est aussi une manière très appropriée de remercier Dieu pour le salut qu'il nous a offert. Nous sommes sauvés par la grâce de Dieu et la grâce est une faveur non méritée de Dieu.

C'est avant tout l'expression de son désir constant de nous témoigner son amour.

## Notre sentence de mort

Quel crime avons-nous donc commis pour mériter la peine de mort spirituelle et donc la séparation éternelle de notre Dieu?
Notre crime c'est notre rébellion contre Dieu et la violation de ses lois morales. En raison de notre état de péché, nous sommes dans un état d'aliénation ou de séparation d'avec Dieu notre créateur. Dieu appelle mort Cette séparation d'avec lui. C'est une mort spirituelle.

L'apôtre Paul a écrit :

*«Car le gage du péché, c'est la mort; mais le don de grâce de Dieu, c'est la vie éternelle dans le Christ Jésus, notre Seigneur»*
*Romains 6:23.*

Notre relation personnelle avec Dieu est interrompue par le péché. La bible est très claire au sujet du fait que nous soyions sauvés de la peine de mort c'est à dire de la condamnation éternelle: de l'enfer. L'analogie de mon illustration a prouvé qu'il est futile que nous essayions de nous en échapper. Nous mourrions finalement d'une mort physique et nous nous tiendrions devant Dieu en jugement. Nous avons vu également que le paiement pour nos péchés ne peut être obtenu non plus par nos bonnes œuvres.

Le péché n'est payé c'est à dire pardonné que par la mort de quelqu'un. Le système judiciaire imparfait des hommes peut nous en affranchir mais pas la juridiction de Dieu. C'est une sentence de mort irréversible, qui ne peut être pardonnée. C'est une réalité horrible.

Nous serions désespérément condamnés et sans recours devant Dieu sans le salut. Nous devrions faire face à une éternité séparée de la seule source d'amour qui soit et de la gloire de Dieu. C'est cela la dure réalité de l'enfer.

La seule manière d'éponger le crime commis est que quelqu'un le paye. Ceci nous amène au quatrième scénario possible.

### 4. Quelqu'un paye ma Pénalité

Et si quelqu'un d'autre que moi payait cette pénalité? Et si un membre de la propre famille de la victime se portait volontaire pour mourir à ma place et ainsi payer la pénalité de mon crime ?

Allons même plus loin et supposons que ce soit légalement permis et que ceci se passe en réalité.

Je serai déclaré libre parce que le crime a été payé.

Si quelqu'un marchait jusqu'à moi dans la rue et disait,

« Regardez-vous, vous êtes libre. Vous ne méritez pas d'être libre. Vous avez commis ce crime horrible. Vous méritez de mourir pour ce que vous avez fait. ».

Je pourrais légitimement répondre, « oui, j'ai mérité de mourir pour ce que j'ai fait, mais quelqu'un d'autre, un membre de la propre famille de la victime est mort à ma place pour payer la pénalité de mon crime.

Puisque le crime a été payé entièrement, je suis maintenant libre. Je ne suis plus sous le coup d'une condamnation. Par conséquent je suis libre.

La bible indique dans *Romains 8:1* :
*« Il n'y a donc maintenant aucune condamnation pour ceux qui sont en Christ Jésus »*

Quelqu'un pourrait-il encore m'arrêter et me traduire devant une cour pour me faire condamner à nouveau pour ce même crime ? Non. Cependant sentirais-je la honte et le remords pour ce terrible forfait, Oui, naturellement.

Me sentirai coupable ? Non, parce que je ne suis plus coupable. Devrais-je vivre une bonne vie pour compenser la famille et au détriment de la société? Non car mon crime a déjà été payé entièrement.

Jésus a vécu une vie sans péché et a été trouvé digne d'être l'agneau sacrificatoire pour enlever toutes nos violations passées, présentes et futures. En nous référant de nouveau à notre analogie ci-dessus, rappelez-vous qu'un membre de famille a offert de mourir à ma place.

Supposons maintenant au contraire qu'il m'ait aidé réellement à commettre ce crime et ait été également condamné à la mort. Il ne pouvait pas payer pour mon crime mais en réalité il paierait en raison de sa complicité. Légalement, le complice est aussi coupable que le forfaitaire principal et mérite la même pénalité. Par conséquent il aurait son propre crime à payer. La seule manière juste pour lui de mourir à ma place serait qu'il soit totalement innocent lui-même.

De même, si Jésus était juste un autre homme comme vous et moi, il aurait ses propres péchés à payer.

Même s'il était le plus grand prophète de l'histoire et faisait le plus étonnant des miracles, il serait sous la même condamnation comme vous et moi. C'est pourquoi Jésus a dû être parfaitement sans péché. Pour avoir vécu sans péché, Jésus a prouvé qu'il était Dieu lui-même en chair.

La déité de Christ est manifestée, par ses miracles, ses déclarations identitaires et finalement par sa propre résurrection des morts.

Pour le non croyant, la mort de Jésus peut sembler injuste et incompréhensible du fait que cet Homme-Dieu, innocent et parfait, soit condamné à mort pour des péchés qu'il n'a pas commis : tout simplement par amour pour l'humanité. C'est cela la grâce de Dieu.

## Qu'avons-nous fait pour mériter cette grâce ?

Nous n'avons fait rien pour la mériter. Jésus (Dieu) dans son amour infini est venu pour une seule raison : mourir à notre place pour payer la pénalité (de mort) de nos péchés.

## Jésus est mort par amour pour nous.

Nous avons désormais l'espoir. Jésus est venu pour mourir à notre place pour payer la pénalité de nos péchés. L'apôtre Jean, celui dont les disciples disaient qu'il était le plus proche de Jésus a rapporté les paroles suivantes de Jésus :

*« Dieu a tant aimé le monde, qu'il a donné son Fils unique, afin que quiconque croit en lui ne périsse pas, mais qu'il ait la vie éternelle. »*
*Jean 3:16.*

L'amour de Dieu a été manifesté immédiatement dans le jardin d'Éden en plaçant les chérubins à l'entrée du jardin d'Éden afin d'empêcher l'homme de tendre sa main et de cueillir les fruits de l'arbre de vie, d'en manger et devenir ainsi un être éternel. Ceci aurait rendu son salut purement et simplement impossible. L'homme demeurerait alors dans le péché comme les anges déchus ainsi que Satan lui-même.

*« Car si Dieu n'a pas épargné les anges qui ont péché, mais s'il les a précipités dans les abimes de ténèbres et les réserve pour le jugement »*
*2Pierre 2 :4*

Rappelez-vous que le péché ne peut seulement être payé que par la mort. Si l'homme ne peut pas mourir alors, son salut qui n'est s possible que par la mort d'un autre homme aurait été totalcment impossible. Dieu ne peut rien faire à ce sujet, parce que c'est sa propre loi et Dieu ne peut donc pas transgresser sa propre loi.

C'est pourquoi Satan et ses anges ne peuvent jamais être sauvés. Comme êtres éternels par leur rébellion (péché) contre Dieu, ils se sont condamnés pour l'éternité.

Mes frères et sœurs en Christ mesurez-vous la grandeur de l'amour de Dieu pour l'humanité ? Il nous aime bien plus que tout autre être (éternel) qu'il n'ait jamais créer.

C'est pourquoi Satan est jaloux de l'humanité, au point qu'il envoie ses démons nous éloigner de Dieu.

Jésus disait :

«*Car Dieu ne n'a pas envoyé son Fils dans le monde afin qu'il jugeât le monde, mais afin que le monde fût sauvé par lui. Celui qui croit en lui n'est pas jugé, mais celui qui ne croit pas est déjà jugé, parce qu'il n'a pas cru au nom du Fils unique de Dieu.* »
*Jean 3:17,18.*

La mort de Jésus nous a réconciliés avec Dieu et maintenant libres du péché, nous pouvons vivre pour éternellement avec lui alléluia!

Rappelez-vous que la bible dit*:*

« *Car tous ont péché et n'atteignent pas à la gloire de Dieu* ».

L'apôtre Paul continue d'écrire,

"*. . . étant justifiés gratuitement par sa grâce, par la rédemption qui est dans le Christ Jésus, lequel Dieu a présenté pour propitiatoire, par la foi en son sang, afin de montrer sa justice à cause du support des péchés précédents dans la patience de Dieu, afin de montrer, dis-je, sa justice dans le temps présent, en sorte qu'il soit juste et justifiant celui qui est de la foi de Jésus.* »
*Romains 3:23-26.*

Il y a plusieurs mots clés ici qui doivent être définis pour saisir la quintessence de ce qu'il dit. « Nous sommes librement justifiés »cela veut dire que nous n'avons dû rien faire pour obtenir notre salut. La grâce de Dieu, c'est sa capacité et sa volonté de nous donner quelque chose que nous ne méritons pas. Le« rachat » est la force majeure achetant de nouveau ce qui légitimement lui appartient.

Dieu est notre créateur; il est de ce fait notre propriétaire original et légal. Cependant, nous avons choisi de nous rebeller contre lui et de prendre le contrôle de nos vies.

Par sa mort Christ nous a rachetés C'est-à-dire qu'il nous ramené à notre propriétaire original, par son sacrifice d'expiation.

Dans l'Ancien Testament Dieu indiquait comment expier temporairement les péchés des hommes.

*Lévitique 4:32-35* dit :

« *Et s'il amène un agneau pour son offrande de sacrifice pour le péché, ce sera une femelle sans défaut qu'il amènera; et il posera sa main sur la tête du sacrifice pour le péché, et l'égorgera en sacrifice pour le péché au lieu où l'on égorge l'holocauste. Et le sacrificateur prendra, avec son doigt, du sang du sacrifice pour le péché et le mettra sur les cornes de l'autel de l'holocauste, et il versera tout le sang au pied de l'autel. Et il ôtera toute la graisse, comme la graisse de l'agneau a été ôtée du sacrifice de prospérités; et le sacrificateur la fera fumer sur l'autel, sur les sacrifices de l'Éternel faits par feu; et le sacrificateur fera propitiation pour lui pour son péché qu'il a commis; et il lui sera pardonné* »

Les israélites ont été chargés d'apporter un agneau sans aucun défaut pour être immolé sur l'autel, une fois par an, le jour de l'expiation. De cette façon le prêtre faisait l'expiation pour lui, pour les péchés qu'il a commis et pour les péchés du peuple.

*Lévitique 17:11* dit :

« *Car l'âme de la chair est dans le sang; et moi, je vous l'ai donné sur l'autel, pour faire propitiation pour vos âmes; car c'est le sang qui fait propitiation pour l'âme* »

En d'autres termes, le sacrifice de l'agneau symboliquement payé pour les péchés, mais seulement une fois par an. Symboliquement Il y a bien plus que tuer seulement un petit agneau inoffensif et innocent. Dieu a fait de cet agneau d'expiation un symbole de l'agneau sacrificatoire final (Jésus-Christ). Quand ils ont sacrifié le petit agneau ils ont mis en application leur foi en Dieu pour pardonner leurs péchés. Cet agneau final de Dieu serait le Messie juif.
Il mourut pour le passé, pour tous nos péchés. Rappelez-vous la première fois que Jean-Baptiste a vu Jésus, il l'a immédiatement identifié en tant que tel,

*«Le lendemain, il voit Jésus venant à lui, et il dit: Voilà l'agneau de Dieu qui ôte le péché du monde »*
*Jean 1:29.*

Jésus est celui qui est mort à notre place pour payer la pénalité de mort résultant de nos péchés. La justice de Dieu est satisfaite du fait que quelqu'un soit mort pour le crime.

Jean rapporte que les derniers mots de Jésus étaient :

« *C'est accompli. Et ayant baissé la tête, il remit son esprit.* » Jean 19:30.

Ceci est traduit réellement du mot grec qui signifie littéralement «entièrement payé ». Maintenant nous pouvons vivre comme il le déclare dans *Jean 10:10*
*«Le voleur ne vient que pour voler, et tuer, et détruire: moi, je suis venu afin qu'elles aient la vie, et qu'elles l'aient en abondance. »*, ce qui signifie vivre éternellement.
La pleine connaissance de Dieu est la vie éternelle;
« *Et c'est ici la vie éternelle, qu'ils te connaissent seul vrai Dieu, et celui que tu as envoyé, Jésus Christ.* » Disait Jésus dans sa pathétique prière dans *Jean 17:3*
Quelle joie pour nous de savoir que nous pouvons maintenant venir hardiment au devant du trône de grâce et jouir de la présence éternelle de Dieu notre créateur! Qu'il soit loué à jamais !

## Le Changement de notre vie comme résultante de notre salut

Par le salut nous sommes totalement changés et nous sommes appelés a croitre en Christ c'est à dire passer :

1. De coupable à non coupable,
2. De la mort à la vie,
3. De l'obscurité à la lumière,

4. De la haine à l'amour,
5. De la faiblesse à la puissance,
6. De la servitude à la liberté,
7. De la tribulation au triomphe,
8. De la peine à la joie,
9. De la tristesse à la gloire,
10. De la défaite à la victoire,
11. De l'échec au succès,
12. De la crainte à la foi et finalement,
13. De je ne peux pas à je peux.

## Voici ce que nous devons désormais confesser

*En tant que membre de l'église de Dieu,*
*Moi . . . (Votre nom)*
*Je m'appliquerai à effectuer le bon travail à essayer d'obtenir l'unité dans l'église de Dieu qui est le corps du Christ.*

*Je chercherai à préserver l'unité de l'esprit dans le lien de la paix et à montrer Christ et dans tous les travaux du service pour l'accroissement de l'église et pour sa maturité spirituelle unie en Christ.*

*J'éprouve le besoin de mener une vie pure, essayant de me séparer des manières athées et de m'appliquer à ressembler à Dieu dans la droiture et la sainteté.*

*Je veillerai par-dessus tout sur ma langue pour d'affliger l'Esprit Saint en moi, par les mensonges, la colère pécheresse, le vol, le commérage, le ressentiment, la calomnie, ou n'importe quelle intention mauvaise de cœur.*

*J'ai la volonté d'être plutôt un imitateur de Dieu, de vivre comme enfant de lumière me gardant contre l'avarice et me maintenant sexuellement pur dans mes pensées, paroles, et dans mes actes.*

*Je tâcherai d'être sage et de tirer le meilleur de mon temps en laissant l'esprit me remplir par la parole dans la dévotion.*

*Je tâcherai, en tant que ministre ou membre de l'église de Dieu d'effectuer mon travail en honorant Christ dans mes rapports personnels.*

*Pour honorer le Christ, je dois me ranger sous autorité et reconnaitre le Christ comme mari ou épouse de son église. Comme parent, comme employé* ou maître (employeur), je dois faire comme si le service était rendu au Seigneur lui-même.

J'essayerai d'effectuer mon travail en mettant toute l'armure de Dieu et en priant pour surmonter les stratagèmes du diable pour m'éloigner du plan de Dieu pour ma vie et me faire poursuivre mes ambitions personnelles qui ne sont pas en accord avec la parole de Dieu. Sans cette armure, je cours le risque d'inventer mon propre but de vivre, vivant ma vie sans le but particulier de l'esprit, c'est à dire la vie au jour le jour sans but ni aucune direction, mais guidé par d'autres et surtout par les influences du monde autour de moi.

## Par conséquent,

J'ai choisi comme but, de vivre ma vie en accord avec le plan de Dieu. Parfois je ne peux pas savoir ce que Dieu veut de moi dans des limites spécifiques et au moment spécifique, mais je sais toujours ce que Dieu veut de moi d'une façon GÉNÉRALE. Le plan de Dieu pour ma vie est écrit dans sa parole. Le plan de Dieu pour ma vie est mon but et mon seul but. Chaque pensée, parole, et action venant de moi sera une réflexion du plan de Dieu pour ma vie.

Je sais par la foi que les bénédictions et les avantages de Dieu me seront accordé dans la vie si je suis le plan de Dieu. Toutes les fois qu'il m'arrive de perdre la direction et le but, je dois toujours retourner de nouveau à la vie avec le plan de Dieu et je suis sûr que tous les aspects de ma vie s'harmoniseront comme Dieu lui-même l'a prévu.

Tous mes plans et conceptions dans la vie seront consacrés à sa gloire.

S'il m'arrive de m'en séparer, je suis toujours assuré que Dieu a de nouveaux plans et de nouvelles conceptions sur mesure et ouvrées pour moi, de sorte que tout que je ferai sera à sa gloire.

Chaque personne qui « naît de nouveau » commence une nouvelle vie semblable à celle d'un enfant à bas âge.

Et je sais que je dois aussi me développer dans ma vie chrétienne quotidienne. On dit généralement qu'il y a sept règles pour favoriser la bonne santé d'un bébé :

*Premièrement* : *Sa Nourriture quotidienne*
  *Je prendrai plaisir à consommer de la nourriture de la parole de Dieu par l'étude et la méditation.*
*En second lieu* : *Jouir d'air frais.*
  *La prière donne l'oxygène à l'âme.*
*Troisièmement* : *Exercice régulier*
  *Je pratiquerai tout ce que la parole de Dieu indique à mon esprit.*
*Quatrièmement* : *Un repos proportionné*
  *Par la foi je compterai sur la promesse de Dieu.*
*Cinquièmement* : *Nettoyez l'environnement*
  *J'éviterai la compagnie des méchants et de toute personne qui peut m'affaiblir spirituellement.*
*Sixièmement* : *Soin affectueux*
  *Je chercherai la camaraderie des frères en Christ particulièrement dans le corps du Christ.*
*Septièmement* : *Contrôle périodique*
  *Ceci est de la plus grande importance car je veille régulièrement sur mon état spirituel pour m'assurer que je suis non seulement auditeur de la parole mais également praticien de la parole. Je promets de faire tout ceci, et que Dieu m'y aide amen.*

Parfois nous sommes plongés dans nos doutes au point que nous oublions qui nous sommes : les enfants du diable délivrés de ses mains par la grâce de Dieu.

Nous devrions nous rappeler que nous n'avons pas été sauvés par notre propre effort mais par le sacrifice de Jésus le Christ à la croix pour nos péchés. Ainsi dans les moments de doute il nous est recommandé de passer en revue notre prière de salut, méditant sur d'où nous avons été sauvés. Ceci rétablira notre foi sur la voie et nous aidera à regagner confiance. C'est ici le lieu d'insister sur la nécessite de la prière.

## Priez avec intelligence et priez en langue

La prière est l'arme la plus puissante du chrétien.
Notre Seigneur Jésus-Christ a passé des heures dans la prière. Prier ne veut pas dire poser des questions à Dieu ni lui donner des ordres afin

d'obtenir de lui ce que nous voulons de lui ou ce que nous attendons qu'il fasse pour nous. Prier c'est avoir une conversation avec Dieu.

Dans une conversation il y a au moins deux interlocuteurs. Une conversation suppose que chaque interlocuteur écoute et parle. Ainsi la prière ne doit pas être un monologue, mais plutôt un dialogue; ce qui suppose que nous devons laisser Dieu nous parler en retour.

Trop souvent nos prières ressemblent à des ordres que nous donnons à Dieu. Certainement nous devrions parler à Dieu aussi souvent que nous le pouvons, l'entretenir au sujet de nos problèmes, le laisser sentir le poids de nos ennuis, tout en lui rappelant que nous comptons sur sa promesse en Jésus-Christ. Prenons la peine de lui laisser le temps de nous répondre. Accordons-lui quelques minutes de silence afin de l'écouter nous répondre. Il le fait mais nous manquons de lui accorder ce temps d'écoute.

L'apôtre Paul nous recommande de prier et de parler en langue.
« *Celui qui parle en langue s'édifie lui-même, . . . C'est pourquoi, que celui qui parle en langue prie pour avoir le don d'interpréter* » *1Corinthiens14 :3,13.*
Et il explique:

« *En effet, celui qui parle en langue ne parle pas aux hommes, mais a Dieu, car personne ne le comprend, et c'est en esprit qu'il dit des mystères.* »

## Dans nos prières nous devons

1. **Louer** Dieu et le remercier pour ce qu'il fait pour nous;
2. **Admettre** nos faiblesses et imperfections,
3. **Confesser** nos péchés à Dieu, lui demander leur rémission,
4. **Intercéder** pour les autres afin qu'ils puissent également connaître Dieu et son fils Jésus-Christ, afin que ces derniers viennent à la repentance et qu'ils acceptent le cadeau du salut.
5. **Écouter Dieu** quand il nous parle en retours avec l'aide de l'Esprit Saint.

Dans *Jean 14:26* il est écrit:

« *Mais le Consolateur, l'Esprit Saint, que le Père enverra en mon nom, lui, vous enseignera toutes choses et vous rappellera toutes les choses que je vous ai dites* ».

Dieu nous a donné l'Esprit Saint pour nous guider dans notre vie quotidienne, pour nous enseigner, et nous renforcer en période d'ennui.

# CHAPITRE II

## Votre nouvelle nature en Christ

La parole de Dieu indique que par le salut nous avons été adopté comme fils et fille de Dieu, « *Mais à tous ceux qui l'ont reçu, il leur a donné le droit d'être enfants de Dieu, à ceux qui croient en son nom* » *Jean1:12.*

### Par conséquent, le chrétien doit déclarer hardiment

Moi . . . (Votre nom).*JE SUIS :*

❖ *Enfant de Dieu né (e) de la semence incorruptible de la parole de Dieu qui vit et demeure pour toujours!*

  *« Par lui vous croyez en Dieu qui l'a ressuscité des morts et lui a donné la gloire, en sorte que votre foi et votre espérance reposent sur Dieu. »*
  *1Pierre 1:21*

❖ *Une nouvelle créature «En sorte que si quelqu'un est en Christ, il est une nouvelle créature: les choses anciennes sont passées; voici, toutes choses sont faites nouvelles »*
  *2Corinthiens 5: 17*

❖ *Lavé de tous mes péchés*

« *En qui nous avons la rédemption par son sang, la rémission des fautes selon les richesses de sa grâce* »
*Ephesiens1: 7.* [1]

❖ *Le temple de l'Esprit Saint Délivré de la puissance des ténèbres ET traduit au royaume de Dieu.*

« *Ne savez-vous pas que votre corps est le temple du Saint Esprit qui est en vous, et que vous avez de Dieu? Et vous n'êtes pas à vous-mêmes; car vous avez été achetés à prix.* »
*1Corinthiens 6:19*

❖ *Racheté de la malédiction de la loi,*

« *Sachant que vous avez été rachetés de votre vaine conduite qui vous avait été enseignée par vos pères, non par des choses corruptibles, de l'argent ou de l'or, mais par le sang précieux de Christ, comme d'un agneau sans défaut et sans tache*»
*1Pierre 1 : 18-19*[2]

❖ *Béni* [3]

« *Christ nous a rachetés de la malédiction de la loi, étant devenu malédiction pour nous (car il est écrit: Maudit est quiconque est pendu au bois)*»
*Galates3: 13*

❖ *Un Saint*

«*A tous les bien-aimés de Dieu qui sont à Rome, saints appelés: Grâce et paix à vous, de la part de Dieu notre Père et du Seigneur Jésus Christ*» [4] *Romains1: 7*

❖ *La tête et pas la queue, en haut et pas en bas*

 *«Et l'Éternel te mettra à la tête, et non à la queue; et tu ne seras qu'en haut, et tu ne seras pas en bas, si tu écoutes les commandements de l'Éternel, ton Dieu, que je te commande aujourd'hui, pour les garder et les pratiquer »*
 *Deuteronome28 : 13*

❖ *Saint et sans blâme devant lui dans l'amour.*

 *« Parce qu'il est écrit: Soyez saints, car moi je suis saint »*
 *1 Pierre 1:16[5]*

❖ *L'élu*

 *«Revêtez-vous donc, comme des élus de Dieu, saints et bien-aimés, d'entrailles de miséricorde, de bonté, d'humilité, de douceur, de patience.»*
 *Colossiens 3:12[6]*

❖ *Affermi,*

 *« . . . qui aussi vous affermira jusqu'à la fin pour être irréprochables dans la journée de notre Seigneur Jésus Christ.»*
 *1Corinthiens 1:8*

❖ *Rapproché, par le sang de Jésus le Christ*

 *« Car par lui nous avons, les uns et les autres, accès auprès du Père par un seul Esprit. »*
 *Ephesiens2 : 18*

❖ *Victorieux, et plus que le conquérant*
 *« Au contraire, dans toutes ces choses, nous sommes plus que vainqueurs par celui qui nous a aimés. » Romains 8:37*

❖ *Libéré,*

*«Si vous persévérez dans ma parole, vous êtes vraiment mes disciples; et vous connaîtrez la vérité, et la vérité vous affranchira »*
*Jean8 :31-32*

❖ *Fort dans le Seigneur*

*« Au reste, mes frères, fortifiez-vous dans le Seigneur et dans la puissance de sa force»*
*Éphésiens 6:10*

❖ *Mort au péché*

*«Nous qui sommes morts au péché, comment vivrons-nous encore dans le péché?»*
*Romains 6:2[7]*

❖ *Cohéritier avec Jésus Christ*

*« . . . et si nous sommes enfants, nous sommes aussi héritiers; héritiers de Dieu, cohéritiers de Christ; si du moins nous souffrons avec lui, afin que nous soyons aussi glorifiés avec lui.» Romains 8:17*

❖ *Scellé avec l'Esprit Saint de la promesse*

*« . . . en qui vous aussi vous avez espéré, ayant entendu la parole de la vérité, l'évangile de votre salut; auquel aussi ayant cru, vous avez été scellés du Saint Esprit de la promesse»*
*Éphésiens 1:13*

❖ *Admis dans le Bien-aimé*

*« . . . à la louange de la gloire de sa grâce dans laquelle il nous a rendus agréables dans le Bien-aimé» Éphésiens 1:6*

❖ *Accompli en Christ*

> « ... *et vous êtes accomplis en lui, qui est le chef de toute principauté et autorité»*
> *Colossiens 2:10*

❖ *Crucifié avec le Christ*

> « *Je suis crucifié avec Christ; et je ne vis plus, moi, mais Christ vit en moi et ce que je vis maintenant dans la chair, je le vis dans la foi, la foi au fils de Dieu, qui m'a aimé et qui s'est livré lui-même pour moi.» Galates 2:20*

❖ *Vivant avec le Christ*

> « ... *alors même que nous étions morts dans nos fautes, nous a vivifiés ensemble avec le Christ (vous êtes sauvés par la grâce)»*
> *Éphésiens 2:5*

❖ *Libéré de la condamnation*

> « *Il n'y a donc maintenant aucune condamnation pour ceux qui sont dans le Christ Jésus»*
> *Romains 8:1*

❖ *Réconcilié à Dieu*

> « ... *et toutes sont du Dieu qui nous a réconciliés avec lui-même par Christ, et qui nous a donné le service de la réconciliation »*
> *2 Corinthiens 5:18*

❖ *Qualifié pour prendre part a la résurrection, établi dans la foi et le débordement avec gratitude,*

> « ... *rendant grâces au Père qui nous a rendus capables de participer au lot des saints dans la lumière »*
> *Colossiens 1:12*

❖ *Circoncis avec la circoncision faite non de mains d'homme*

> *« Qui aussi vous avez été circoncis d'une circoncision qui n'a pas été faite de main, dans le dépouillement du corps de la chair par la circoncision du Christ » Colossiens 2:11*

❖ *Un citoyen du royaume de Dieu et camarade avec les saints et le ménage de Dieu*

> *« Ainsi donc vous n'êtes plus étrangers ni forains, mais vous êtes concitoyens des saints et gens de la maison de Dieu » Éphésiens 2:19*

❖ *Construit sur une solide base*

> *« . . . ayant été édifiés sur le fondement des apôtres et des prophètes, Jésus-Christ lui-même la pierre angulaire » Ephesiens2: 20*

❖ *Dans le monde comme il est dans le ciel*

> *« En ceci est consommé l'amour avec nous, afin que nous ayons toute assurance au jour du jugement, c'est que, comme il est, lui, nous sommes, nous aussi, dans ce monde. » 1Jean 4:17*

❖ *Soutenu de Dieu et le mal ne me touche pas*

> *«Nous savons que quiconque est né de Dieu ne pèche pas, mais celui qui est né de Dieu se conserve lui-même, et le méchant ne le touche pas.» 1Jean 5:18*

❖ *Un ambassadeur pour le Christ.*

> *« Nous sommes donc ambassadeurs pour Christ, Dieu, pour ainsi dire, exhortant par notre moyen; nous supplions pour Christ: Soyez réconciliés avec Dieu » 2Corinthiens 5:20*

❖ *Un en Christ ALLÉLUIA!*

> *« Afin que tous soient un, comme toi, Père, tu es en moi, et moi en toi; afin qu'eux aussi soient un en nous, afin que le monde croie que toi tu m'as envoyé. Et la gloire que tu m'as donnée, moi, je la leur ai donnée, afin qu'ils soient un, comme nous, nous sommes un; moi en eux, et toi en moi; afin qu'ils soient consommés en un, et que le monde connaisse que toi tu m'as envoyé, et que tu les as aimés comme tu m'as aimé. »*
> *Jean 17:21-23*

Tout ceci et bien plus constitue le nouvel homme que vous êtes devenus par le salut. Par conséquent agissez comme tels, parlez comme tels, et vivez comme tels.

Ceci exige de vous de vivre par la foi et la mort à soi. Vous devez vous rendre sur la croix. Vous devez prendre cette décision avant que vous ne puissiez vraiment commencer à vivre la vie chrétienne victorieuse.

En tant que chrétien né de nouveau, vous avez une nouvelle vie en Christ ce qui veut dire que vous devez aussi participer à la mort du Christ. Tous les attributs du Christ sont désormais à votre disposition, si vous acceptez d'être crucifié avec lui, ce qui veut dire que vous devez en tant qu'individu mourir à vous même. C'est la seule manière de se rendre semblables aux agneaux prêts à être immolés. Seuls les morts sont triomphants en Christ Jésus.

Quand vous mourrez, il vit en vous. Ne vous dégagez pas de la croix, parce que Satan vous défiera.

Ne descendez pas de la croix, parce que vous serez impuissant contre l'ennemi de votre âme. Restez sur la croix où vous pouvez avoir la victoire, l'affranchissement et la liberté absolue !

# CHAPITRE III

# Vos droits et devoirs en Christ

Par le salut vous avez obtenu un héritage avec le Christ, de sorte que vous avez accès par l'esprit au Père.

Par la victoire de Christ vous avez vaincu le monde et vous demeurez maintenant dans la paix de Dieu qui surpasse toute intelligence. Par conséquent vous avez reçu la puissance.

## Puissance de l'Esprit Saint;

Puissance d'imposer les mains sur les malades et les voir rétablis ; puissance de chasser les démons; Puissance au-dessus de tout pouvoir de l'ennemi et rien par aucun moyen ne vous blessera. Dorénavant vous vivez par la loi de l'esprit de la vie en Christ Jésus.

Par conséquent vous pouvez faire toutes choses en Christ parce que votre vie est cachée en Dieu par le Christ. Vous avez maintenant le plus grand en vous, de sorte que vous pourrez toujours triompher en Christ.

Avant tout, vous avez en vous l'esprit de Christ qui est un Esprit Saint.

## Confessez . . . .

Père Eternel . . .

❖ Je fais attention en tout, je ne m'inquiète de rien, mais en toute chose, par mes prières et supplications avec gratitude, je te fais connaitre mes demandes.
Maintenant, je reçois ta paix qui surpasse toute intelligence et elle gardera mon cœur et mon esprit par Christ Jésus.

> *« Et la paix de Dieu, laquelle surpasse toute intelligence, gardera vos cœurs et vos pensées dans le Christ Jésus. Au reste, frères, toutes les choses qui sont vraies, toutes les choses qui sont vénérables, toutes les choses qui sont justes, toutes les choses qui sont pures, toutes les choses qui sont aimables, toutes les choses qui sont de bonne renommée, s'il y a quelque vertu et quelque louange, que ces choses occupent vos pensées. »*
> *Philippiens 4:7-8*

❖ *Je sais père qu'afin d'avoir un esprit saint, je dois continuer d'avoir la volonté de penser aux choses qui sont vraies, aux choses qui sont honnêtes, aux choses qui sont justes, aux choses qui sont pures, aux choses qui sont belles, aux choses de bonne réputation!*

❖ *Moi. . Je refuse de laisser mon esprit se remplir d'incrédulité, de commérage, de critique de toute sorte, ou de choses qui ne sont pas en accord avec la parole de Dieu.*

> *« Ne parlez pas l'un contre l'autre, frères. Celui qui parle contre son frère ou qui juge son frère, parle contre la parole de la loi et juge la loi. Or si tu juges la loi, tu n'es pas un observateur de la loi, mais un juge» Jacques 4:11*

❖ *Moi . . . Je choisis de penser que chaque personne que je rencontre est belle, quelle que soit sa laideur apparente, et quelque détestable qu'elle puisse sembler, Je choisis de croire qu'elle est aimable. Car ta parole déclare cela. Tel je pense dans mon cœur, tel je suis.*

❖ *Moi . . . Je choisis Père céleste de former mon esprit selon ta parole; parce que je sais que ta parole est vie, elle est vérité, elle est amour, elle est source de paix de joie et de puissance. Et pendant que je forme mon esprit selon ta parole, mon esprit devient vivant.*

❖ *Je pense sincèrement, je pense affectueusement, je pense paisiblement, et ma pensée est puissante. Ainsi, Père, quand j'agis mon esprit et ton esprit deviennent un.*

❖ *Je reçois tous les avantages de ton amour pour moi.*

*« Mais qu', étant vrais dans l'amour, nous croissions en toutes choses jusqu'à lui qui est le chef, le Christ »*
*Ephesiens 4-15[8]*

❖ *Je te remercie, Père que moi . . . J'ai l'esprit de Christ, au nom de Jésus Amen !*

# CHAPITRE IV

## Marchez par la foi !

Être né de nouveau ne fait pas de nous nécessairement des chrétiens marchant par la foi. La foi est un processus continu. La bible indique que nous progressons dans la foi. La foi n'est pas une charge statique mais un processus dynamique.

*«Car nous marchons par la foi et non par la vue.»*
*2 Corinthiens 5 :7*

Notre foi peut augmenter, diminuer ou même stagner. Quelle que petite que soit notre foi au début de notre marche avec Dieu, nous ne devons ni abandonner ni être découragés. Nous devons exposer notre petite graine de foi à la pluie et au soleil de Dieu la laisser croitre et porter des fruits. La foi nous transporte du monde visible au monde invisible. Quand nous vivons par la foi nous rentrons en contact avec le monde spirituel : c'est la porte !

En professant notre foi nous confondons le diable, parce que nous commençons à louer Dieu pour des choses qui sont inexistantes jusqu'à ce qu'elles deviennent manifestes. En outre en confessant notre foi, nous devons avoir l'image de Christ constamment à l'esprit c'est à dire une vision de Jésus.

Nous devons voir Jésus entre nous et la condition dans laquelle nous nous trouvons. Dieu est esprit et vit dans l'éternité. Nous vivons dans le temps. Dieu ne vit pas dans le temps. Le Temps a été créé par Dieu pour nous amener progressivement vers les choses de Dieu.

Pour que Dieu puisse agir en notre faveur dans le temps : il parle dans le temps. Tout ce dont nous avons besoin a été déjà fait par Dieu dans l'éternité, avant la création du monde. La foi nous traduit du temps en éternité. En fait Dieu n'est pas traumatisé par aucune de nos conditions. Il est l'Alpha et l'Omega : Il a tout fait dès le commencement. Nous devons nous aligner sur la parole de Dieu par la foi et laisser les choses se produire dans le temps. Nous sommes sensés changer nos conditions et situations en disant au diable que nous sommes les fils et filles de Dieu, rachetés par le sang de Jésus et que lui, Satan outrepasse illégalement et par son interférence dans nos vies. Quand nous marchons par la foi nous avons l'espoir. L'espoir détermine le but de notre foi. L'espoir n'est ni vœu pieu ni optimisme béat.

L'espoir n'est pas une évasion de la réalité mais la fixation sur une image spirituelle qui sûrement se manifestera dans le monde présent.

Il peut paraître parfois étrange quand nous parlons aux choses ; mais nous devons comprendre que tout ce que Dieu a créé a des oreilles et entend.

*Dans le livre d'Ézéchiel 12:25 l'a instruit prophétiser aux os secs.*

*« Car moi, je suis l'Éternel; je parlerai, et la parole que j'aurai dite sera exécutée, elle ne sera plus différée; car en vos jours, maison rebelle, je dirai une parole et je l'exécuterai, dit le Seigneur, l'Éternel. »*
*Ézéchiel. 37 :11-12*

**Question**: les os secs ont-ils des oreilles ? Les objets ont-m ils des oreilles ?

*Dans le livre de Josué 24:26-27 nous lisons :*

*« Et Josué écrivit ces paroles dans le livre de la loi de Dieu. Et il prit une grande pierre, et la dressa là sous le chêne qui était auprès du sanctuaire de l'Éternel; et Josué dit à tout le peuple: Voici, cette pierre sera témoin contre nous, car elle a entendu toutes les paroles de l'Éternel, qu'il nous a dites; et elle sera témoin contre vous, de peur que vous ne reniiez votre Dieu.»*

**Question**: La pierre a t—elle des oreilles pour entendre ?

Nous voyons que les roches peuvent également entendre. Il y a des choses autour de nous qui nous parlent sans émettre des sons audibles par notre sens de l'ouïe. Tout ce qui est autour de nous attend tout ce que nous disons. Le diable fait des suggestions à notre esprit pour nous faire faire des choses et nous faire dire des choses, sachant que ce que nous déclarerons nous arrivera.

Il est important de savoir que si nous disons des choses qui sont en alignement avec la parole de Dieu, immédiatement les anges se mettent en action en notre faveur. De même, quand nous disons des choses qui ne sont pas en alignement avec la parole de Dieu, les démons sont immédiatement libérées pour travailler contre nous. Pour illustrer ce qu'est l'espoir par rapport à la foi, j'utiliserai la métaphore suivante.

Quand nous avons faim et que nous n'avons pas le temps de faire la cuisine, nous décidons d'aller à un restaurant à préparation rapide.

Et quand nous disposons de très peu de temps, nous allons au service-voiture et suivons le processus suivant :

## Premièrement

Après avoir lu le menu nous exprimons nos souhaits à travers le haut parleur. Nous parlons avec une personne que nous ne pouvons pas voir. De même nous examinons notre situation et adressons nos prières à Dieu.

## Deuxièmement

Après l'acceptation de notre commande par cette personne invisible, nous procédons en toute confiance à la prochaine fenêtre pour le paiement. De même, quand nous prions les anges (êtres spirituels invisibles) sont immédiatement libérés pour satisfaire aux désirs de notre cœur. Nous entendons alors la parole de Dieu en esprit comme la voix dans de haut-parleur.

## Troisièmement

Nous procédons au paiement espérant que ce que nous allons recevoir sera conforme à notre commande.

De La même manière il est recommandé que nous fassions des offrandes en guise de semis pendant chacune de nos périodes difficiles comme gage et en soutient à nos prières. Pendant tout ce temps, les choses sont mises me branle dans la cuisine, mais le client ne peut pas les voir.

Le client gardera à l'esprit l'image du menu qu'il a vu, et Qu'il compte obtenir.

## Quatrièmement

Nous continuons en toute confiance à la prochaine fenêtre où aura lieu la Livraison.

Là nous obtenons finalement ce que nous avons commandé. Pour Dieu qui est l'Alpha et l'Omega, connaissant la fin avant le commencement de toute chose.

Dès que nous demandons quelque chose avec foi, Dieu libère sa réponse « c'est fait ! ». Nous devrions garder le même espoir que nous exerçons au restaurant rapide avec Dieu, jusqu'à ce que nous voyions la manifestation des choses que nous avons demandées dans nos prières se réaliser dans notre vie. La différence entre l'expérience de la commande au restaurant rapide et les choses de Dieu c'est l'argent.

Pour nous clients employant l'argent pour acheter ce que nous voulons, l'argent est un instrument juridique par lequel nous réclamons n'importe quel service à concurrence de la valeur de la somme impliquée. Et nous avons alors le droit d'obtenir ce qui a été annoncé. Ainsi qu'il est écrit sur chaque billet d'un dollar « ce billet est un instrument légal pour régler toute dette, publique et privée ».

Quand nous faisons l'offrande semence, en réalité nous n'achetons aucune faveur auprès de Dieu.

Au contraire nous apportons devant lui des sacrifices qui devraient lui être agréables. Le sang de Jésus est notre monnaie spirituelle par le salut. En fait Dieu n'a pas besoin de notre argent ; notre offrande est l'instrument de mesure de notre foi. Le salut est l'instrument légal qui a règle toutes nos dettes passées, présentes et futures.

Par le salut nous avons été rachetés. Cela signifie que le Seigneur Jésus Christ a payé le prix de notre culpabilité. Il nous a rachetés pour nous ramener dans la famille de Dieu. Étant réconcilié avec Dieu, nous pouvons maintenant hardiment aller au devant du trône de Dieu et formuler nos demandes au nom de Jésus le Messie. Amen !

# CHAPITRE V

# Prenez garde à votre langue et déclarez la parole de Dieu !

Les paroles que nous prononçons peuvent être utilisées pour introduire la vie, l'amour, l'édification et l'encouragement dans la vie d'une personne ou pour apporter la mort, la destruction, la négativité et le supplice.

Pour employer la même analogie avec un fabricant, voici une autre histoire personnelle : Il y a quelques années je suis allé aux États-Unis pour acheter une photocopieuse spéciale pour mon usine. Sachant que dans mon pays le voltage du courant électrique était de 220 volts.

Conscient que la machine a été fabriquée pour du 110 volt. J'ai donc achète un transformateur de puissance. J'ai voyagé toute la nuit pour que la machine puisse être opérationnelle dans mon usine le lendemain.

Tout fatigué que j'étais, j'ai déposé la machine à l'usine et suis retourné dormir à la maison sans toute fois laisser des consignes fermes concernant l'utilisation obligatoire du transformateur.

Quand le directeur de production est venu trouver la machine, fou de joie, il n'a pas pensé vérifier le voltage. Il n'a pas pensé qu'elle pouvait venir d'un pays comme les États-Unis et que le voltage pouvait être différent. Son seul souci était avant tout de faire fonctionner la machine le plus vite possible. Quand il a branché la machine elle a aussitôt cramé. C'est alors qu'il s'est rendu compte qu'il y avait un transformateur de puissance déposé juste à côté du copieur.

C'est exactement ce qui nous arrive quand nous ne lisons pas les instructions de Dieu. Nous finissons par dire des choses que nous ne devrions pas dire, faire des choses que nous ne devions pas faire et à la fin, nous avons des ennuis ou finissons par compromettre nos rapports avec d'autres. Disons des choses positives et non des choses négatives. Un mot mal place à la mauvaise personne au mauvais moment, peut transformer complètement votre vie.

## Alors que dit la bible au sujet de la façon d'utiliser notre langue ?

### Illustration

Comparons la langue à un pistolet. Nous savons qu'avec un pistolet nous pouvons tirer divers types de balles. Quand nous parlons, notre langue devient comme un pistolet et nous tirons différents genres de balles qui atteignent positivement ou négativement les gens à qui nous nous adressons. Ceux parmi vous qui ont une expérience militaire ou du maniement des armes, savent qu'on peut tirer du même pistolet des balles blanches pour la formation (manœuvres) et des balles réelles telles que les balles à fragmentation.

## Question : Quel genre de balles tirez vous ?

### 1.  Balle de mensonge?

*Proverbes 25:18* dit :

« *L'homme qui rend un faux témoignage contre son prochain est un marteau, et une épée, et une flèche aiguë.* »

Ainsi une langue menteuse est une arme mortelle.

Elle peut être employée pour nuire à autrui de près comme un maillet, de loin comme une épée, ou d'une grande distance comme une flèche. Satan est le père des mensonges.

« *Vous, vous avez pour père le diable, et vous voulez faire les convoitises de votre père. Lui a été meurtrier dès le commencement, et il n'a pas persévéré dans la vérité, car il n'y a pas de vérité en lui. Quand il profère le mensonge, il parle de son propre fonds, car il est menteur, et le père du mensonge* » *Jean8:44*

Et Dieu a dit qu'il déteste une langue menteuse :

« *L'Éternel hait ces six choses, et il y en a sept qui sont en abomination à son âme: les yeux hautains, la langue fausse, et les mains qui versent le sang innocent*».
*Proverbes 6:16-17*

Tous les menteurs auront leur part dans l'étang de feu, selon *Apocalypse 21:8*

« *Mais quant aux timides, et aux incrédules, et à ceux qui se sont souillés avec des abominations, et aux meurtriers, et aux fornicateurs, et aux magiciens, et aux idolâtres, et à tous les menteurs, leur part sera dans l'étang brûlant de feu et de soufre, qui est la seconde mort* ».
Ne vous appuyez pas sur de faux témoignages contre votre prochain.

« *Ne sois pas témoin, sans motif, contre ton prochain; voudrais-tu donc tromper de tes lèvres?* »
*Proverbes 24:28.*

Nous ne pouvons même pas essayer de nous appuyer sur de faux témoignages contre quelqu'un, même s'il s'agit d'une légitime défense ou s'il est question de vengeance personnelle, parce que la bible indique qu'un faux témoignage ne demeurera pas impuni, et celui qui raconte des mensonges n'y échappera pas non plus.

De même Celui qui soutient un faux témoin ne restera pas impuni.

*« Le faux témoin ne sera pas tenu pour innocent, et celui qui profère des mensonges n'échappera point».* Proverbes 19:5.

Au cours de certains procès aujourd'hui, les plaignants s'appuient sur un certain nombre de faux témoins tels que : collègue, ou même un étranger contre l'employeur.

En d'autres termes, il s'agit de mensonges plats contre une défense, dans un effort d'essayer d'extorquer un certain gain financier individuel ou collectif de la compagnie.

*« Les lèvres menteuses sont en abomination à l'Éternel, mais ceux qui pratiquent la fidélité lui sont agréables.»*
*Proverbes 12:22.*
*« Acquérir des trésors par une langue fausse, c'est une vanité fugitive de ceux qui cherchent la mort. »*
*Proverbes 21:6.*

Jésus nous a avertis que ceux qui vivront par l'épée mourront également par l'épée.

Aucun motif de vengeance personnelle et ni de gain monétaire ne saurait être excusé. L'avertissement de Dieu est clair.

## 2. Balle de flatteries?

La bible parle de la flatterie comme étant fondamentalement mauvais, et pas juste :

*« Car il n'y a rien de sûr dans leur bouche; leur intérieur n'est que perversion; c'est un sépulcre ouvert que leur gosier; ils flattent de leur langue. »*
*Psaumes 5:9.*

*La bible indique que:*

*«L'Éternel retranchera toutes les lèvres flatteuses, la langue qui parle de grandes choses, Ceux qui disent: Par nos langues nous prévaudrons, nos lèvres sont à nous; qui est seigneur sur nous »*
*Psaumes 12:3-4*

La flatterie n'est qu'une forme de mensonge, et elle n'a aucune place dans la vie d'un chrétien.

*« Celui qui reprend quelqu'un, sera à la fin plus chéri que celui qui flatte de sa langue »*
*Proverbes 28:23.*

### 3. Balle de fierté?

La bible parle également de la langue fière.
Les personnes les plus ennuyantes au monde sont celles avec des langues fières parce qu'une langue fière vient habituellement avec les deux oreilles fermées.

Les personnes réprimandées fières sont généralement si imbues d'elles-mêmes qu'elles apprennent très peu de n'importe qui. Les personnes Fières, réprimandées parlent beaucoup de leur connaissance et service, mais très peu du Seigneur. Dans une compagnie et même dans une église, une personne fière fera toutes sortes de suggestions au sujet de la façon dont les choses devraient fonctionner, pourtant ses suggestions, si acceptées, deviendront des fardeaux aux autre sauf à elle-même.
Il est difficile d'enseigner une personne fière ou raisonner avec elle parce qu'elle pense tout savoir.

*« L'Éternel hait ces six choses, et il y en a sept qui sont en abomination à son âme: les yeux hautains, la langue fausse, et les mains qui versent le sang innocent, cœur qui machine des projets d'iniquité, les pieds qui se hâtent de*

courir au mal, le faux témoin qui profère des mensonges, et celui qui sème des querelles entre des frères.»
Proverbes 6:16-19

Notez que parmi les six choses que Dieu hait se trouve la langue fière.

### 4. Balle mitrailleuse?

Certains Pèchent tout simplement en abusant de leur langue.

«Car le songe vient de beaucoup d'occupations, et la voix du sot de beaucoup de paroles.»
Ecclesiastes5:3

Les gens pensent, qu'ils paraissent futés en parlant beaucoup, mais la bible affirme juste le contraire.

« Ne te presse point de ta bouche, et que ton cœur ne se hâte point de proférer une parole devant Dieu; car Dieu est dans les cieux, et toi sur la terre: c'est pourquoi, que tes paroles soient peu nombreuses »
Ecclésiastes 5:2

Dieu n'aime pas le causeur. Vous pouvez dire, « Que puis-je faire c'est ma nature.». Justement Repentez-vous alors ! Confessez votre péché et repentez-vous.
Cessez de justifier votre péché et demandez plutôt à Dieu de vous aider à vous repentir.

### 5. Balle de parler-rapide?

Certaines personnes sont coupables du parler très vite et même trop vite alors qu'elles devraient vraiment attendre avant de parler. La parole de Dieu indique dans Proverbes 18:13 :

*« Répondre avant d'avoir entendu, c'est une folie et une confusion pour qui le fait. » Combien de fois n'avez-vous pas du avaler votre langue tout simplement parce que vous avez trop vite parle? »*

*« Ainsi, mes frères bien-aimés, que tout homme soit prompt à écouter, lent à parler, et lent à la colère."*
*Jacques 1:19*

## 6. Balle de la médisance?

Dans le livre des Nombres, Dieu a indiqué son aversion contre les médisants. *Nombres 12:1-16* (C'est l'histoire, de Moise, Miriam et d'Aaron. Il s'agissait de la médisance contre Moïse et Dieu a puni Miriam de lèpre blanche)

*« Le vent de bise chasse la pluie; et le visage sévère chasse la langue qui [médit] en secret» Proverbes 25:23*

*L'apôtre Paul relève l'aversion de Dieu contre les :*

*« Rapporteurs, médisants, haïssant Dieu, outrageux, orgueilleux, vains, inventeurs de maux, rebelles à pères et à mères. » Romains 1:30*

Qu'est ce qu'une langue de médisance. Un médisant est quelqu'un qui utilise sa langue contre vous et ce en votre absence, pourtant les mêmes personnes n'oseront pas vous affronter face à face. Un médisant est un lâche qui préfère murmurer plutôt que de résoudre les problèmes.
Un médisant est inutile, et personne n'a jamais été renforcé ou édifié par la médisance. Prenez garde des médisants, particulièrement ceux qui sèment la discorde parmi les frères.

*« Le faux témoin qui profère des mensonges; et celui qui sème des querelles entre les frères.» Proverbes. 6:19*

## 7. Balle de rapporteur?

*Proverbes 18:8* dit :

« *Les paroles du rapporteur sont comme des friandises, et elles descendent jusqu'au dedans des entrailles* »

*Lévitique 19:16 dit :*

« *Tu n'iras point çà et là médisant parmi ton peuple. Tu ne t'élèveras pas contre la vie de ton prochain. Moi, je suis l'Éternel.* »

Chaque chrétien à le devoir de renier ses propres désirs et chercher à édifier d'autres chrétiens *Romains 14:(9).*

« *Ainsi donc poursuivons les choses qui tendent à la paix et celles qui tendent à l'édification mutuelle.* ».

La vie de rapporteur est contraire à l'édification chrétienne.
Le rapporteur colporte des contes, toutes sortes d'information nuisible, et Satan emploie une telle information pour empêcher et détruire l'œuvre de Dieu.
Une victime de rapporteur, selon proverbes, est une personne « blessée ». Dieu interdit qu'un chrétien blesse un autre chrétien, mais c'est ce qui arrive tous les jours! Certains chrétiens vivent comme si Dieu « les avait appelé » a raconté des ragots sur d'autres chrétiens.
Il y a beaucoup de mots et expressions gentils employés pour justifier une telle conduite, mais le mot le plus approprie est rapporteur :

«*Ne parlez pas l'un contre l'autre, frères. Celui qui parle contre son frère ou qui juge son frère, parle contre la loi et juge la loi. Or si tu juges la loi, tu n'es pas un observateur de la loi, mais un juge* »
*Jacques 4:11.*

La bible indique qu'Il est plus difficile de gagner un frère offensé qu'une ville forte. Le « chuchoteur » et celui qui répète une chose finissent par séparer les meilleur amis.

## 8. Balle de juron et de malédiction?

Jurer, maudire et insulter sont condamnés *par la bible*. Certains chrétiens, ont la mauvaise habitude d'utiliser leur langue pour maudire.

*Romains 3:13-14 dit ceci :*

, *« C'est un sépulcre ouvert que leur gosier; ils ont frauduleusement usé de leurs langues; il y a du venin d'aspic sous leurs lèvres; et leur bouche est pleine de malédiction et d'amertume »*

Ce passage traite strictement de personnes non sauvées et de leurs manières. Cependant il y a un grand nombre de chrétiens pratiquants qui maudissent régulièrement.
Pourquoi voulez-vous vous identifier avec quelqu'un que Dieu qualifie de mort, trompeur, et de poison ?

*« Et il a aimé la malédiction: qu'elle vienne sur lui! Et il n'a pas pris plaisir à la bénédiction: qu'elle soit loin de lui! Et qu'il soit revêtu de la malédiction comme de sa robe; et qu'elle entre au dedans de lui comme de l'eau, et dans ses os comme de l'huile »*
*Psaumes 109:17-18.*

Beaucoup de gens maudissent parce que leur vie est malheureuse. Ils sont malheureux ainsi ils le font connaître avec leur mauvais discours.
Dieu dit dans *Nombres 14 : 28*
*« Dis-leur: Je suis vivant, dit l'Éternel, si je ne vous fais comme vous avez parlé à mes oreilles . . . !"*

Ce verset indique que Dieu les maintient malheureux en raison de leur propre discours. Dieu maudit ceux qui maudissent ! Voici quelques

exemples : Trop souvent nous disons des choses comme : Nous ne nous marions jamais dans notre famille. Dieu déclare : Je vous donnerai le désir de votre cœur. Dans notre famille on n'arrive pas à faire ceci ou à faire cela. Vous êtes béni dans les champs, béni dans la ville . . ., dis la bible. Ne dites plus jamais : je suis un lâche.
Dieu dit que vous êtes la tête et non la queue.
Nous ne pouvons pas, quand bien même nous serions chrétiens nés de nouveau, obtenir des bénédictions de Dieu si notre bouche est remplie DE malédictions et de jurons !

## 9. Balle perceuse?

Une autre langue pécheresse est la langue de perforation. *Proverbes 12:18-19* parle de cette langue en disant, « *Il y a tel homme qui dit légèrement ce qui perce comme une épée, mais la langue des sages est santé. La lèvre véridique est ferme pour toujours, mais la langue fausse n'est que pour un instant.* »
Certains ont une langue pointue de perforation que Satan emploie pour offenser et pour insulter d'autres.

La Bible recommande aux chrétiens que leurs discours soient dominés par la Grace *Colossiens4:6*

« *Que votre parole soit toujours dans un esprit de grâce, assaisonnée de sel, afin que vous sachiez comment vous devez répondre à chacun* »

Pourtant la plupart des églises sont remplies de gens qui utilisent leurs langues comme des épées pour percer leurs frères en Christ.

## 10. Balle de silence?

Une langue silencieuse est également une langue pécheresse parce que nous avons été commandés de prendre position et témoigner pour le Seigneur Jésus-Christ.

Dans *Actes 1:8*, Jésus dit :

« . . . *mais vous recevrez de la puissance, le Saint Esprit venant sur vous; et vous serez mes témoins à Jérusalem et dans toute la Judée et la Samarie, et jusqu'au bout de la terre.* » Nous, chrétiens, avons une obligation de répandre la bonne nouvelle de la grâce de l'œuvre salvatrice de Jésus. Rester silencieux au sujet de Christ c'est aussi pécher contre Christ. Jésus a dit :

« *Car quiconque aura honte de moi et de mes paroles parmi cette génération adultère et pécheresse, le fils de l'homme aura aussi honte de lui, quand il viendra dans la gloire de son Père, avec les saints anges.* »
*Marc 8:38.*

Si nous ne voulons pas avoir honte de nous-mêmes quand le Seigneur retournera, alors n'ayons pas honte aujourd'hui de Jésus. Recherchons les occasions de parler en faveur de notre sauveur, sinon nous serons coupables d'avoir une langue silencieuse. Ainsi prenons position et reprochons ce qui est mauvais. Le Seigneur veut que nous puissions parler à d'autres avec manière et de façon civile, aimante et élevant. Cependant ceci ne signifie pas que nous devons devenir les nattes dociles et avoir trop peur de nous engager avec de mauvaises personnes dans cette vie si nous y sommes forcés. Jésus lui-même n'a pas hésité à attaquer certains des chefs juifs de rang élevé (Pharisiens et le Sadducéens).

De même Il n'a pas hésité à jeter dehors les tables des échangeurs d'argent faisant des affaires dans le temple (sa maison de culte).

« *Mais ceux qui le reprennent seront agréables, et une bénédiction de bien viendra sur eux.* »
*Proverbes 24:25*

Le reproche ouvert est préférable à l'amour soigneusement caché. Fidèles sont les blessures d'un ami, mais les baisers d'un ennemi sont trompeurs.

Aujourd'hui chacun essaye d'être politiquement correct et les gens ont peur d'engager verbalement certaines questions de la vie par crainte d'offenser leur assistance ou même leur congrégation.

## Quelles balles devons-nous alors tirer ?

### 1. Balle de vérité

Que votre langue ne dise rien que la vérité.

La langue du sage favorise la santé et la lèvre véridique sera établie pour toujours ; par conséquent, mettant loin le mensonge, chacun parle

La vérité avec son voisin, parce que nous sommes des membres d'un même corps relient les uns aux autres.

### 2. Balle édifiante

Ne laissez aucune communication corrompue sortir de votre bouche Au contraire, déclarez toujours ce qui est bon pour l'édification nécessaire, ce qui peut donner la grâce aux auditeurs.

*« C'est pourquoi, ayant dépouillé le mensonge, parlez la vérité chacun à son prochain; car nous sommes membres les uns des autres. »*
*Éphésiens 4:25*

### 3. Balle de modération.

IL nous est recommandé dans la bible d'employer le discours sain. Parlons donc avec modération.

### 4. Balle de sincérité

*Que notre parole soit saine qu'on ne puisse la condamner :*

« . . . *Une parole saine et irréprochable afin que l'adversaire soit confus, N'ayant aucun mal à dire de nous.»* Tite 2:8

## 5. Balle de parole gracieuse

Employer un discours gracieux ne peut pas faire du mal, et ne fera pas de vous quelqu'un qui possède une langue de perforation. La prière de chaque chrétien devrait être : Seigneur, rends mes mots aimables sinon, demain je vais devoir avaler ma langue !
Que notre discours soit toujours avec grâce et agréable.

## 6. Balle de droiture.

« *La bouche du juste est une fontaine de vie, mais la bouche des méchants couvre la violence.* »
Proverbes 10:11.

## 7. Balle de sagesse

« *Marchez dans la sagesse envers ceux de dehors, saisissant l'occasion* »
Colossiens4:5.

La fontaine de la sagesse est un ruisseau débordant :

« *Les paroles de la bouche d'un homme sont des eaux profondes, et la fontaine de la sagesse est un torrent qui coule.* »
Proverbes18:4

## 8. Balle de paroles agréables

Parlons agréablement aux autres :

« *Toutes les voies d'un homme sont pures à ses propres yeux, mais l'Éternel pèse les esprits.* » Proverbes16:2.

Les paroles plaisantes élèvent l'esprit d'une personne et rend son cœur heureux. Elles peuvent tourner la colère en joie et préserver votre propre vie.

## 9. Balle de réponse douce

Dans nos conversations offrons des réponses douces à autrui.

« *Une réponse douce détourne la fureur, mais la parole blessante excite la colère. La langue des sages fait valoir la connaissance, mais la bouche des sots fait jaillir la folie.* »
*Proverbes 15:1-2.*

Une réponse douce désarmera un homme fâché.
La langue du sage le garde hors de l'ennui.

## 10. Balle de parler-lent

« *Le Seigneur l'Éternel m'a donné une langue exercée, pour que je sache soutenir par une parole celui qui est abattu. Il me réveille chaque matin, il réveille mon oreille pour que j'écoute comme ceux qu'on enseigne.* »
*Esaïe 50:4.*

Nous devrions toujours être lents à parler. Un orateur lent écoute davantage.

## 11. Balle de vie

Que nos paroles soient des paroles qui apportent la vie aux autres.
«*Qui surveille sa bouche garde son âme; la ruine est pour celui qui ouvre ses lèvres toutes grandes.* « *Proverbes 13:3.*

Dieu a donné à chacun de nous une certaine puissance par les mots que nous pouvons parler aux autres et ces mots peuvent apporter la vie ou la mort à la personne a qui nous nous adressons.

## 12. Balle de bénédiction et non de malédiction

Cessons de jurer, maudire et injurier. Il y a beaucoup de chrétiens qui sont toujours prêts à jurer, même pendant qu'ils continuent à se développer dans le Seigneur. Rappelez-vous que, Dieu observe chacun de vos mouvements, chacune de vos penses et chacune de vos actions. Il voit chaque pensée et entend chaque mot qui sort de votre bouche. Les mots que nous adressons à d'autres dans cette vie déterminent non seulement combien de bons amis nous pouvons avoir et la qualité de ces amitiés personnelles, mais aussi seront jugés par le Seigneur lui-même au jour de notre jugement. Dieu vous jugera par vos paroles. Jésus nous a avertis en disant :

*« Et je vous dis que, de toute parole oiseuse qu'ils auront dite, les hommes rendront compte au jour de jugement »*
*Mathieu 12:36.*

Ceci signifie que nous auront à lui rendre compte directement pour chaque mot prononcé dans cette vie.

Il dit que nous « serons justifiés » par les bonnes paroles que nous avons prononcées ou « serons condamnés » par les mauvaises. Rappelez-vous. Dieu le Père nous a donné un cadeau merveilleux avec le pouvoir qu'il a mis dans notre langue. Nous avons la pouvoir de vie et de mort dans notre langue. Employons ce pouvoir sagement, employons le a introduire la vie, l'amour, l'encouragement et l'édification dans la vie d'autrui. Non seulement Dieu nous récompensera une fois au Ciel, mais aussi nous recevrons également des trésors sur cette terre.

## 13. Balle de paroles réciproques

Parlons à autrui de la manière dont nous voudrions qu'on nous parle. Ceci est le but final et le plus élevé de Dieu pour chacun de nous ; afin de nous transformer, nous former et nous mouler pour que ceci devienne une réalité dans notre vie. Nous devons enterrer la chair. Nous ne devrions pas marcher dans la chair.

Nous devons tuer la vieille nature rebelle. La chair ne peut pas satisfaire Dieu.

*« Sachant ceci, que notre vieil homme a été crucifié avec lui, afin que le corps du péché soit annulé, pour que nous ne servions plus le péché. »* *Romains 6:6.*

Ne laissons pas la vieille nature dominer notre esprit. Soumettons nos membres à Dieu ainsi le péché ne nous asservira pas.
Refusons la domination du péché, en lieu et place soumettons nous à la parole de Dieu.

Quand nous nous soumettons à l'Esprit Saint, nous échappons à l'esclavage du péché. Le péché a une telle puissance et une telle force d'attraction spirituelle et physique, qu'il nous tirera vers lui si nous refusons de nous soumettre à l'Esprit de Dieu.

# CHAPITRE VI

# Confessez et pratiquez l'amour !

A la mention du mot amour notre esprit charnel dirige immédiatement nos pensées vers le genre érotique d'amour. Ce n'est pas notre sujet ici. Nous évoluons dans un concept strictement biblique de l'amour. La bible déclare que Dieu est amour; Il est la source d'amour.

La doctrine de Dieu comporte quatre subdivisions principales [10]

*« Bien-aimés, aimons nous les uns les autres; car l'amour est de Dieu, et quiconque aime est ne de Dieu et connait Dieu. Celui qui n'aime pas n'a pas connu Dieu, car Dieu est amour. »*
1Jean4 :7-8

## 1. Son Existence

Dieu est auto-existant. Il n'a ni commencement, ni fin.

## 2. Sa souveraineté

Il est le créateur et propriétaire de toutes choses, il est « Adonaï ».En cela il n'a de compte à rendre à personne. Il se suffit à lui-même.

### 3. Ses Attributs divins

L'Omnipotence: Dieu est tout puissant
L'Omniprésence: Dieu est présent partout simultanément.
L'Omniscience: Dieu sait tout et rien ne peut être caché à sa connaissance.
La Sainteté : Dieu est saint c'est-à-dire sans mal. Aussi vrai que l'obscurité ne peut se trouver dans la lumière, le mal ne peut se trouver en Dieu qui lui-même est lumière. Il est de la plus grande importance que les chrétiens sachent que **rien de mauvais ne vient jamais de Dieu** (les mauvaises pensées, maladies, malheurs etc . . . .).Il nous arrive trop souvent de prêter de mauvaises intentions à Dieu.

### 4. Ses Attributs personnels

- **La Droiture**

Dieu Jéhovah que nous servons est un Dieu juste c'est à-dire traite chacun de nous de la même manière. Dieu n'a de préférence pour personne, il n'a aucune préférence. Nous sommes tous égaux devant Dieu, que nous l'aimions ou pas, que nous croyions en lui ou pas.
La Bible indique que la pluie tombe sur les bons et les méchants; de même le soleil brille sur chacun de nous. Tout au long de la bible Dieu nous recommande d'être justes et droit.

*« Prends garde à l'homme intègre, et considère l'homme droit; car la fin d'un tel homme est la prospérité »*
Psaumes 37 :37

*« L'homme qui est juste, qui pratique la droiture et la justice, qui ne mange pas sur les montagnes et ne lève pas les yeux vers les idoles de la maison d'Israël, qui ne déshonore pas la femme de son prochain et ne s'approche pas d'une femme pendant son impureté,*

*qui n'opprime personne, qui rend au débiteur son gage, qui ne commet point de rapines, qui donne son pain à celui qui a faim et couvre d'un vêtement celui qui est nu, qui ne prête pas à intérêt et ne tire point d'usure, qui détourne sa main de l'iniquité et juge selon la vérité entre un homme et un autre, qui suit mes lois et observe mes ordonnances en agissant avec fidélité, celui-là est juste, il vivra, dit le Seigneur, l'Eternel. »*
*Ézéchiel 18 :5*

- **L'Amour**

**La bible déclare que Dieu est amour.**

*« Et nous, nous avons connu l'amour que Dieu a pour nous, et nous y avons cru. Dieu est amour; et celui qui demeure dans l'amour demeure en Dieu, et Dieu demeure en lui. »* 1Jean4 :16

*« Au reste, frères, soyez dans la joie, perfectionnez-vous, consolez-vous, ayez un même sentiment, vivez en paix; et le Dieu d'amour et de paix sera avec vous. »* 2Corinthiens13 :11

L'amour est l'un des attributs personnels les plus tangibles de Dieu. Il a créé l'humanité par amour. En fait nous sommes l'expression de l'attribut d'amour de Dieu. Dieu a créé l'humanité pour montrer son attribut d'amour. Dieu n'a besoin d'aucune appréciation pour se sentir bien car il est tout suffisant. L'amour a besoin d'un objet d'expression, et nous sommes l'objet de l'expression de l'amour de Dieu.

Avant que nous confessions l'amour dans notre vie, nous devons savoir de quel genre d'amour nous parlons. La Bible parle de deux sortes d'amour : l'amour « phileo » et l'amour « agape ».

- **L'amour phileo**

L'amour Phileo se définit comme le genre d'amour habituellement exprime et vécu entre frères et sœurs et entre amis. C'est un amour fraternel. C'est l'amour d'une âme qui est relié aux émotions.

Ce genre d'amour peut être éprouvé par chacun, des croyants et non des croyants. Cet amour est aussi appelle amour horizontal.

- **L'amour agapè**

Le mot grec agapè est tout simplement traduit comme amour dans le Nouveau Testament, mais il s'agit en fait de l'amour sans limite de Dieu pour nous. C'est un amour non partiel, sacrificatoire et sans conditions de Dieu pour l'humanité.

*Jean3:16* dit que :

*« Dieu a tant aimé le monde, qu'il a donné son Fils unique, afin que quiconque croit en lui ne périsse pas, mais qu'il ait la vie éternelle.».*

En tant qu'élément de ses attributs personnels l'amour de Dieu est inconditionnel, ce qui veut dire que son amour est accessible à chacun de nous.
La preuve de cet amour est le précieux cadeau de son fils Jésus Christ, sacrifié pour le salut de toute l'humanité, quelle que soit notre couleur de peau et notre race ou toute sorte de division crée par les hommes pour se différencier les uns des autres. Ceci est bien la preuve de l'inconditionnalité de l'amour de Dieu. L'amour agape est spirituel. Il exige une relation personnelle

avec Dieu par Jésus Christ. Cet amour donne et n'attend rien en retour.

Comme il est écrit dans *1 Corinthiens 13:4-7*

*« L'amour est patient; il est plein de bonté; l'amour n'est pas envieux; l'amour ne se vante pas; il ne s'enfle pas d'orgueil; il n'agit pas avec inconvenance; il ne cherche pas son propre intérêt; il ne s'irrite pas; il n'impute pas le mal; il ne se réjouit pas de l'injustice, mais se réjouit avec la vérité; il supporte tout, croit tout, espère tout, endure tout ».*

C'est l'expression parfait de l'amour de Dieu envers l'humanité et c'est la manière dont nous devrions également exprimer notre amour envers nos prochains.

Bien que cet amour semble provenir d'un niveau très élevé, et difficile a atteindre, notre Seigneur Jésus nous rappelle que cet amour constitue la somme totale de tous les commandements de Dieu.

*« Et il lui dit: Tu aimeras le Seigneur ton Dieu de tout ton cœur, et de toute ton âme, et de toute ta pensée. C'est là le grand et premier commandement. Et le second lui est semblable: Tu aimeras ton prochain comme toi-même. De ces deux commandements dépendent la loi tout entière et les prophètes.»*
*Mathieu 22:37-40*

Il ne suffit donc pas de respecter ni les commandements, ni de marcher par la foi sans avoir de l'amour pour son prochain. Nos actions doivent aller au-delà de l'obéissance des lois et de l'observation de la foi et être basées sur l'amour pour les personnes : créatures de Dieu. Dieu a créé l'homme avec certains besoins primaires intrinsèques qui doivent être satisfaits pour qu'il ait la vraie paix dans la vie. Les besoins primaires intrinsèques des hommes sont principalement :

### 1.  Besoin de Signification ou d'utilité dans la vie.

Une de nos motivations de base dans la vie est de faire en sorte que notre vie ait un sens c'est à dire importe a autrui. En d'autres termes nous voulons nous sentir utiles à l'humanité.

Nos âmes ont faim de renommée, de confort, de richesse et même de pouvoir. Ces récompenses créent presque autant de problèmes qu'elles n'en résolvent.

Nos âmes ont faim pour la signification, en ce sens que nous voulons vivre de sorte que les soucis de la vie dans ce monde soient au moins un tout petit peu différent du fait de notre passage sur cette terre.

### 2.  Relations significatives : aimer et être aimé.

Le deuxième genre de besoin de l'humanité est son désir ardent d'avoir des relations significatives. Certains d'entre nous ont accompli des choses significatives dans leur vie, mais sont morts, parce qu'ils n'ont eu personne avec qui les partager. Nous considérons notre vie accomplie si nous pouvons aimer et être aimé en retour.

Ces besoins sont légitimes parce qu'ils sont mis en nous par Dieu lui-même. Ce sont des cadeaux de Dieu. Ils ont été plantés en nous pour que Dieu lui-même puisse communiquer avec nous. Par conséquent notre besoin d'aimer et d'être aimé ne peut être satisfait complètement qu'en Dieu parce que Dieu est amour.

### L'amour de Dieu

Nous ne méritons pas l'amour de Dieu. Pour comprendre l'amour de Dieu, nous devons comprendre d'où nous avons chuté.

La bible indique dans *IJean1:8*

« *Si nous disons que nous n'avons pas pèche, nous nous séduisons nous-mêmes et la vérité n'est point en nous* ».

Ce faisant nous appelons Dieu menteur puisqu'il dit que nous avons péché. Les deux côtés de l'équation ont la même valeur absolue. En d'autres termes par amour, Dieu oublie tous nos péchés et traite chacun de nous de la même manière.

*« Dieu nous a tellement aimés qu'il a donné son fils unique pour nous. » John 3 :16*

Ce verset dit clairement que Dieu nous a tant aimé, qu'il a donné son seul fils en sacrifice pour nous, de sorte que, quiconque croit et invite son fils dans sa vie, soit sauvé. Nous devons avant tout accepter l'amour de Dieu pour nous. C'est la condition sine quoi none.

*Romains 10:9* dit

*« Si tu confesses de ta bouche Jésus comme Seigneur et que tu croies dans ton cœur que Dieu l'a ressuscité d'entre les morts, tu seras sauvé »*

Si nous acceptons l'amour de Dieu, notre vie sera transformée et nous vivrons pour toujours. L'amour de Dieu transformera nos vies ici sur terre. Nous acceptons l'amour de Dieu en reconnaissant Jésus-Christ en tant que fils de Dieu et en soumettant nos vies à lui. L'amour de Dieu nous donne la vie éternelle.

Dans *Jean11:25-26* Jésus a dit :

*« Jésus lui dit: Moi, je suis la résurrection et la vie: celui qui croit en moi, encore qu'il soit mort, vivra; et quiconque vit, et croit en moi, ne mourra point, à jamais. Crois-tu cela? »*

L'amour de Dieu est difficile à pratiquer, il est exige la discipline, et son amour n'est pas mesuré par combien de grâces il déverse sur nous mais par sa correction. *[11]*

*« . . . et l'espérance ne rend point honteux, parce que l'amour de Dieu est versé dans nos cœurs par l'Esprit Saint qui nous a été donné. » Romains5:5*

.L'Esprit Saint est celui qui verse l'amour dans nos cœurs de chrétiens. L'Esprit est motivé par l'amour à son ministère en Christ. Ainsi sans Esprit Saint, la croix se tient inerte. [12]

# Comment puis-je aimer mon prochain à la manière de Dieu et selon sa volonté?

### Qui est mon prochain ?

Il y a une grande polémique au sujet de la définition et du sens biblique accordé au terme prochain.

Le terme prochain veut-il dire mon voisin de palier, mon cohabitant, mon collègue de travail, mon compagnon de chambre, mon camarade de classe, mon membre co-équipier, mon frère, ma sœur ou un membre de ma famille ? En réalité, le prochain est toute personne autre que vous.

Ce peut être un ami, un membre de famille ou même toute personne que vous rencontrez pour la première fois. Aujourd'hui avec les moyens de communication sophistiqués, le prochain peut même vivre à des milliers de kilomètres de vous, cependant vous pouvez toujours lui faire du bien et encore lui montrer de l'amour.

## Nos ennemis peuvent-ils également être nos prochains au sens biblique du terme ?

Notre Seigneur Jésus répond à cette question par l'affirmative. Jésus dit dans *Mathieu 5:43-44* :

« *Vous avez ouï qu'il a été dit: Tu aimeras ton prochain, et tu haïras ton ennemi. Mais moi je vous dis, aimez vos ennemis, bénissez ceux qui vous maudissent, faites du bien a ceux qui vous haïssent et priez pour ceux qui vous maltraitent et vous persécutent.*»

Pour Jésus, il est clair que toute personne est notre prochain y compris ceux que, pour une raison quelconque, nous considérons comme étant nos ennemis ou des personnes que nous ne supportons pas ; ou que n'aimons pas tout simplement.

## Comment puis-je faire preuve d'amour agapè à l'égard de mon prochain?

La bible indique à travers ces paroles de notre Seigneur Jésus:

*« Par ceci nous savons que nous aimons les enfants de Dieu, c'est quand nous aimons Dieu et que nous gardons ses commandements; car c'est ici l'amour de Dieu, que nous gardions ses commandements, et ses commandements ne sont pas pénibles »*
*1Jean5:2-3.*

*« Toutes les choses donc que vous voulez que les hommes vous fassent, faites-les-leur, vous aussi, de même; car c'est là la loi et les prophètes. »*
*Mathieu 7:12.*

Aussi vrai qu'aucun homme ne voudrait que son épouse commette l'adultère, que personne ne voudrait se faire assassiner ou laisser assassiner quelqu'un qu'il aime ; de même nous ne voudrions pas que quelqu'un nous vole ni ne nous mente à plus forte raison convoite nos biens, ainsi n'allons pas faire ces choses à d'autres.
*Romains 13:10* dit.

*« L'amour ne fait point de mal au prochain; l'amour donc est la somme de la loi.»*

L'évangile de Luc élabore davantage en la matière.

*« . . . à tout homme qui te demande, et à celui qui t'ôte ce qui t'appartient, ne le redemande pas. Et comme vous voulez que les hommes vous fassent, vous aussi faites-leur de même. Et si vous aimez ceux qui vous aiment, quel gré vous en saura-t-on? Car les pécheurs aussi aiment ceux qui les aiment. Et si vous faites du bien à ceux qui vous font du bien, quel gré vous en saura-t-on car les pécheurs aussi en font autant. Et si vous prêtez à ceux*

*de qui vous espérez recevoir, quel gré vous en saura-t-on? Car les pécheurs aussi prêtent aux pécheurs, afin qu'ils reçoivent la pareille. Mais aimez vos ennemis, et faites du bien, et prêtez sans en rien espérer; et votre récompense sera grande, et vous serez les fils du Très-haut; car il est bon envers les ingrats et les méchants. Soyez donc miséricordieux, comme aussi votre Père est miséricordieux » Luc 6:30-36*

Aimer mon prochain c'est donner à d'autres personnes ce que je voudrais qu'elles me donnent si j'étais dans leur situation quand bien même celles-ci ne peuvent me payer en retour. En réalité la bible nous recommande de faire du bien surtout quand nous savons que nous ne seront pas payés en retour. Montrer de l'amour à mes prochains c'est les respecter, faire preuve de pitié et de charité.

La meilleure illustration de notre façon de montrer de l'amour à nos prochains est trouvée dans la parabole du bon Samaritain.

*« Et voici, un docteur de la loi se leva pour l'éprouver, et dit: Maître, que faut-il que je fasse pour hériter la vie éternelle? Et il lui dit: Qu'est-il écrit dans la loi? Comment lis-tu?*

*Et répondant, il dit: Tu aimeras le Seigneur ton Dieu de tout ton cœur, et de toute ton âme, et de toute ta force, et de toute ta pensée; et ton prochain comme toi-même.*

*Et il lui dit: Tu as bien répondu; fais cela, et tu vivras. Mais lui, voulant se justifier lui-même, dit à Jésus: Et qui est mon prochain? Et Jésus, répondant, dit: Un homme descendit de Jérusalem à Jéricho, et tomba entre les mains des voleurs, qui aussi, l'ayant dépouillé et l'ayant couvert de blessures, s'en allèrent, le laissant à demi-mort. Or, par aventure, un sacrificateur descendait par ce chemin-là, et, le voyant, passa outre de l'autre côté; et pareillement aussi un lévite, étant arrivé en cet endroit-là, s'en vint, et, le voyant, passa outre de l'autre côté: mais un Samaritain, allant son chemin, vint à lui, et, le voyant, fut ému de compassion, et s'approcha et banda ses plaies, y versant de l'huile et du vin; et l'ayant mis sur sa propre bête, il le mena dans l'hôtellerie et eut soin de lui. Et le lendemain, s'en allant, il tira deux deniers et les donna à l'hôtelier, et lui dit: Prends soin de lui; et ce que tu dépenseras de plus, moi, à mon retour, je te le rendrai. Lequel de ces trois te semble avoir été le prochain de celui qui était tombé entre les mains des*

*voleurs? Et il dit: C'est celui qui a usé de miséricorde envers lui. Et Jésus lui dit: Va, et toi fais de même »*
*Luc10 : 25-37.*

Dans cette parabole nous voyons que le prêtre et le Lévite ont montré la pitié mais le Samaritain a prouvé qu'il a été vraiment converti.

« C'était plus acceptable au prêtre et au Lévite, mais en esprit et dans les œuvres, il s'est avéré que le Samaritain était plutôt en harmonie avec Dieu. » [13]. Il y en a qui pensent que c'est abaisser leur dignité que d'aider l'humanité en souffrance. Beaucoup regardent d'un air hautin, avec indifférence et mépris ceux qui ont étendu le temple de l'âme dans les ruines. D'autres négligent les pauvres pour des raisons qui leur sont propres. Ils agissent ainsi, pensant œuvrer pour la cause de Christ, cherchant à accumuler une certaine fortune. Ils estiment qu'ils effectuent un si grand travail, et qu'ils n'ont même pas le temps de s'arrêter un instant pour se rendre compte et considérer les souffrances et afflictions de l'indigent; ne sachant pas que ce faisant ils oppriment les pauvres. Ils peuvent les placer ces pauvres dans des circonstances d'épreuves, les priver de leurs droits, ou négliger leurs besoins.

Pourtant ils estiment que tout est justifiable et qu'ils avancent ainsi l'œuvre de Christ.

## Pardon et Générosité : clefs pour ouvrir les portes de l'amour et des bénédictions de Dieu

### 1. Le pardon

Dieu nous demande de pardonner autrui, parce qu'il y va de notre propre bien. Dieu ne parle pas de ce qui est de l'intérêt de la personne qui a besoin d'être pardonnée.

Nous sommes ceux—là mêmes que Dieu essaie de protéger. Nous tirons plus d'avantage à pardonner, que la personne pardonnée. Pardonner autrui nous libère de la colère et nous permet de recevoir la guérison spirituelle, émotionnelle ou physique dont nous avons besoin.

Dieu nous a donnés la direction spécifique à suivre tout simplement, parce qu'il veut que rien ne se tienne entre lui et nous. Pardonner autrui nous épargne les conséquences d'un cœur impitoyable dans la vie. Nous avons un exemple divin de pardon. Dieu n'a-t-il pas envoyé son fils Jésus pour sauver toute l'humanité des conséquences éternelles du péché? Dieu, a non seulement le pouvoir de pardonner, mais aussi de nous accorder la capacité de pardonner autrui, tout comme nous avons été pardonnés.

Pardonner autrui commence souvent par une décision de reddition, qui est un acte volontaire. Ce faisant nous invitons Dieu à commencer à travailler plus profondément dans nos vies, permettant simplement à Dieu de nous guérir et prendre le contrôle de nos circonstances.

Nos prières n'atteignent pas Dieu à cause de notre manque de pardon. Nous sommes souvent les premiers à demander à Dieu de nous pardonner alors que nous avons du mal à pardonner autrui. Nous allons même jusqu' à dire que nous pardonnons mais nous n'oublions pas.

Et si Dieu devait se souvenir de toutes nos fautes, qu'adviendra t—il de nous ?

*« Si tu gardais le souvenir des iniquités Eternel, Seigneur qui pourrait subsister ? Mais le pardon se trouve auprès de toi afin qu'on te craigne »* Psaumes 130 :3-4

### 2. La Générosité

La générosité est l'une des clefs pour ouvrir les portes de l'amour agapè. La bible indique que nous devrions aimer notre voisin comme nous nous aimons.

C'est ici la clef : le petit mot « comme » qui veut dire en réalité également. Égoïstes nous nous aimons davantage plus que d'autres. Pour parler mathématiquement le signe « = » ou égal signifie que ma valeur est égale à la valeur de mon prochain. Il n'y a aucune différence en valeur absolue, non par rapport à nos origines, nos circonstances etc. L'amour est la base de la foi. L'amour nous relie à Dieu.

Il nous est impossible de rentrer en contact avec Dieu sans toucher d' abord l'humanité. Vous pouvez prier à Dieu 24 heures sur 24 et 7 jours sur 7, observant la loi, mais si vous laissez un voisin qui souffre et qui se trouve sans aide dans des circonstances défavorables, vous êtes alors motivés par un égoïsme froid et votre prière ne sera jamais exhaussée. L'œuvre de Christ est d'abord à l'égard des opprimés et des pauvres. Nous ne pouvons pas servir sa cause par des pratiques égoïstes.

Maintenant que Vous êtes imprégnés de la vraie signification de l'amour. Vous pouvez déclarer ceci :

Seigneur Dieu . . . .

*« Dieu a tant aimé le monde, qu'il a donné son Fils unique, afin que quiconque croit en lui ne périsse pas, mais qu'il ait la vie éternelle ».*
*Jean 3:16*

❖ Je suis complètement transformé en une nouvelle personne en Christ. *2 Corinthiens 5:17*

❖ Je l'aime parce qu'il m'a aimé et a donné le premier sa vie pour moi.

*« Nous, nous l'aimons parce qu'il nous a aimés le premier »*
*1 Jean 4 :19*

❖ Je déclare que Dieu est amour et parce que je demeure dans l'amour de mon prochain, je demeure en Dieu et Dieu est en moi.

❖ J'affirme que rien ne peut me séparer de l'amour de Dieu.
*« Car je suis assuré que ni la mort, ni la vie, ni les anges, ni les principautés, ni les choses présentes, ni les choses à venir, ni les puissances, ni les hauteurs, ni les profondeurs, ni aucune autre créature, ne pourra nous séparer de l'amour de Dieu »*
*Romains 8:38-39*

❖ L'amour de Dieu est dans mon cœur par l'Esprit Saint et je suis rempli de la plénitude de Dieu.

*« Or l'espérance ne trompe point parce que l'amour de Dieu est répandu dans nos cœurs par le saint esprit qui nous a été donne » . Romains 5:5*

❖ Ainsi en tout j'aime autrui comme Christ m'aime.

*« Si donc moi, le Seigneur et le Maître, j'ai lavé vos pieds, vous aussi vous devez vous laver les pieds les uns aux autres.»*
*Jean 13:14*

❖ Moi . . . Je suis enraciné et fondé dans son amour et je supporte les autres avec amour. *Éphésiens 4:2*

❖ Je parle la vérité avec amour et je grandis, en Christ En toutes choses dans l'amour, je crois en toutes choses jusqu'à lui qui est le chef: Christ. *Éphésiens 4:15*

❖ Je marche dans l'amour de Dieu j'abonde en amour de Dieu envers toutes personnes.

*« Et quant à vous, que le Seigneur vous fasse abonder et surabonder en amour les uns envers les autres et envers tous, comme nous aussi envers vous » 1 Théssaloniciens 3:12*

❖ Mon cœur est tissé ensemble avec amour dans le corps du Christ.

*« Afin que leurs cœurs soient consolés, étant unis ensemble dans l'amour et pour toutes les richesses de la pleine certitude d'intelligence, pour la connaissance du mystère de Dieu. » Colossiens2:2*

*. L'amour parfait demeure en moi et moulé en dehors de toute crainte dans ma vie.*

*« Il n'y a pas de crainte dans l'amour, mais l'amour parfait chasse la crainte, car la crainte porte avec elle du tourment; et celui qui craint n'est pas consommé dans l'amour »*
*I Jean 4:18*

❖ Mon amour supporte tout, est patient et aimable; n'est jamais envieux ou jaloux, vantard ou vindicatif; hautain, vaniteux, arrogant ou gonflé avec fierté; grossier ou sans égard; n'agit pas sans manière. L'amour de Dieu en moi n'insiste pas pour ses propres droits ou sa propre manière.
Il n'est pas égoïste ; délicat, agité ou irrité.
L'amour de Dieu en moi ne tient pas compte du mal qui lui est fait. L'amour de Dieu en moi se réjouit de justice et de vérité.
L'amour de Dieu en moi supporte sous tout d' ou qu'il vienne, et est toujours prêt à croire le meilleur de chaque personne.
L'amour de Dieu me fournit des espoirs stables en toutes les circonstances.

*« Au reste, la couronne de justice m'est réservée, et le Seigneur, juste juge, me la rendra en cette journée-là, et non seulement à moi, mais aussi à tous ceux qui auront aimé son apparition.»*
*2 Timothée 4:8*

# CHAPITRE VII

## Confession d'une épouse

La bible déclare dans *Genèse2:18*

*« Or l'Eternel Dieu avait dit: Il n'est pas bon que l'homme soit seul; je lui ferai une aide semblable à lui ».*

Dieu a créé tous les animaux et les a présentés à Adam pour les nommer et il l'a fait. La bible indique dans le verset 19 du même chapitre : *« Mais pour Adam aucune aide appropriée n'a été trouvée »*.Adam fut endormis. Dieu créa Ève à partir de l'os de ses côtes. Rempli de joie Adam fit la première déclaration d'amour jamais faite dans l'histoire de l'humanité :
*« C'est maintenant l'os de mes os, chair de ma chair : elle s'appellera femme parce qu'elle a été prise hors de l'homme. »*
Mesdames, vous rendez-vous compte que vous êtes une même chair avec votre mari ? Que vous êtes l'os de ses os et chair de sa chair ? Que vous êtes « un aide approprié » de votre mari ?

Soyez donc confiantes en cela :

*« Étant assuré de cela même, que celui qui a commencé cette bonne œuvre en vous, l'achèvera jusqu'à l'avènement de Jésus-Christ »*
*Philippiens 1 :6*

## Déclarez donc ceci :

❖ Moi . . . Je suis une femme capable, intelligente et vertueuse, bien plus qu'un bijou précieux.

. *« Qui est-ce qui trouvera une vaillante femme? Car son prix surpasse de beaucoup les perles.»*
*Proverbes 31:10*

❖ Je me lève tôt et j'obtiens la nourriture spirituelle pour Mon ménage. Je cherche le royaume de Dieu en premier et toutes les bonnes choses sont ajoutées à moi.

*"Mais cherchez premièrement le Royaume de Dieu, et sa justice, et toutes ces choses vous seront données par-dessus »*
*. Mathieu 6:33*

❖ Je crains, honore et adore le Seigneur. Je produis du fruit de mes mains et de mes travaux.
Je suis travailleuse. La force et la dignité sont mon habillement et ma position est forte et solide.

❖ Je me réjouis d'avance du futur sachant que ma famille et moi sommes sous la protection de Dieu.

*« Elle ouvre sa bouche avec sagesse, et la Loi de la charité est sur sa langue » Proverbes 31:26*
❖ J' ouvre ma bouche avec sagesse habileté et piété, et ma langue professe la loi la bonté, donnant conseils et instructions.

❖ Je ne mange pas du pain de l'oisiveté, bavardage, mécontentement et du complexe d'infériorité.

❖ Je suis digne de respect, pas une commère, mais tempérée et complètement digne de confiance en toutes choses.

*« De même, que leurs femmes soient honnêtes, non médisantes, sobres, fidèles en toutes choses." 1Timothee 3:11*

❖ Je . . . Poursuis la droiture, la piété, la foi, la patience l'amour, la douceur, et la joie du Seigneur est ma force.

*« . . . mangez de ce qui est gras et buvez de ce qui est doux, et envoyez des portions à ceux qui n'ont rien de préparé, car ce jour est saint, consacré à notre Seigneur. Et ne vous affligez pas, car la joie de l'Éternel est votre force ».*
*Néhémie 8:10*

❖ Je suis docile et m'adapte à mon mari comme service au Seigneur. Il est mon chef comme Christ est le chef de l'église.

*« Femmes, soyez soumises à vos propres maris comme au Seigneur; parce que le mari est le chef de la femme, comme aussi le Christ est le chef de l'assemblée, lui, le sauveur du corps. Mais comme l'assemblée est soumise au Christ,*

*Ainsi que les femmes le soient aussi à leurs maris en toutes choses »*
*Éphésiens 5:22-24*

❖ Je respecte et honore mon mari. Je l'aime et l'admire excessivement. Le cœur de mon mari est en confiance et se fonde sur le fait qu'il croit en moi sans risque.

*« Le cœur de son mari se confie en elle, et il ne manquera point de butin. »*
*Proverbes 31:11*

❖ Je le fortifie et l'encourage et je le ferai aussi longtemps qu'il y a la vie en moi.

❖ Je partage l'amour avec mon mari, l'estimant et me contentant de lui;

*« . . . et marchez dans l'amour, comme aussi le Christ nous a aimés et s'est livré lui-même pour nous comme offrande et sacrifice à Dieu, en parfum de bonne odeur. »*
*Éphésiens 5:2*
Mon mari me loue surtout parmi les femmes.

*« Donnez-lui du fruit de ses mains, et qu'aux portes ses œuvres la louent ». Amen !*
*Proverbes 31:31*

# CHAPITRE VIII

## Confession d'un époux

Nous les hommes avons souvent tendance à penser que nous avons le beau rôle ou que nous tenons le meilleur bout auprès de Dieu, en ce qui concerne notre devoir envers nos femmes. Nous sommes prompts a insister sur la soumission de la femme mais a bien lire entre les lignes nous notons avec stupéfaction qu'il est plus facile de se soumettre et de se laisser diriger que de diriger et surtout d'aimer. Nous devons nous soumettre à Dieu et déclarer quotidiennement :

❖ Moi . . . . J'ai choisi ce jour que je servirai L'Eternel.

> « *Et s'il est mauvais à vos yeux de servir l'Éternel, choisissez aujourd'hui qui vous voulez servir, soit les dieux que vos pères qui étaient de l'autre côté du fleuve ont servis, soit les dieux de l'Amoréen, dans le pays duquel vous habitez. Mais moi et ma maison, nous servirons l'Éternel »*
> *Josué 24:15.*

❖ Moi je choisis la bénédiction, la vie afin que ma descendance puisse vivre.

❖ Je choisis d'aimer le Seigneur mon Dieu, pour obéir a sa voix et m 'accrocher à lui parce qu'il est la source de ma vie et la durée nos jours.

> « *J'appelle aujourd'hui à témoin contre vous les cieux et la terre: j'ai mis devant toi la vie et la mort, la bénédiction et la malédiction. Choisis la vie, afin que tu vives, toi et ta semence, en aimant l'Éternel, ton Dieu, en écoutant sa voix, et en t'attachant à lui; car c'est ta vie et la longueur de tes jours, afin que tu habites sur la terre que l'Éternel a juré à tes pères, à Abraham, à Isaac, et à Jacob, de leur donner. »*
> *Deutéronome 30:19-20.*

❖ Moi . . . Je demeure sous l'abri du très haut. Je reste stable et fixe sous l'ombre du Tout Puissant.

> « *Celui qui habite dans la demeure secrète du Très-haut logera à l'ombre du Tout-puissant* »
> *Psaumes 91:1*

❖ Puisque le seigneur est mon refuge et le Très Haut ma forteresse, aucun mal ne m'arrivera Ni la peste ou ni les calamités d' ou qu'elles viennent près de moi de ma famille ou de ma maison.

> « *Parce que toi tu as mis l'Éternel, mon refuge, le Très-haut, pour ta demeure, Aucun mal ne t'arrivera, et aucune plaie n'approchera de ta tente* »
> *Psaumes 91:9-10*

❖ Puisque je demeure dans la parole, je m'occupe sagement et prospère dans tout Ce que j'entreprends. « *Vous garderez donc les paroles de cette alliance et vous les pratiquerez, afin que vous prospériez dans tout Ce que vous ferez.* »
*Deutéronome 29:9*

❖ Puisque je Suis enraciné et fondu dans l'amour de Dieu, je m'abstiens d'autres relations amoureuses. Car comme le Christ est le chef de l'église, je suis le chef de mon épouse. Aussi suis-je affectueux et sympathique envers elle. Je la nourris, la soigne, la protège et l'aime. Je suis disposé à tout abandonner pour elle.

❖ Puisque j'ai de la considération pour mon épouse, l'honorant comme un maillon faible, et réalisant que nous sommes les héritiers communs de la grâce de la vie, mes prières ne sont pas gênées.

*«Aucune frayeur. Pareillement, vous, maris, demeurez avec elles selon la connaissance, comme avec un vase plus faible, c'est-à-dire féminin, leur portant honneur comme étant aussi ensemble héritier s de la grâce de la vie, pour que vos prières ne soient pas interrompues »*
*1Pierre 3:7*

❖ Mon épouse et moi sommes devenus un corps et une chair ensemble et ainsi nous sommes soumis l'un à l'autre.

*«C'est pour cela que l'homme laissera son père et sa mère et sera joint à sa femme; et les deux seront une seule chair »*
*Éphésiens 5:31[14].*

❖ Nos cœurs sont enlacés dans l'amour.

*« Étant soumis les uns aux autres dans la crainte de Christ. »*
*Éphésiens 5:21.*

❖ Mon épouse et moi, nous marchons selon les choses qui conduisent à la paix, et les choses qui édifient. Nous vivons dans la paix et recherchons la paix, parce que la paix de Dieu règne dans nos cœurs.

*« Ainsi donc poursuivons les choses qui tendent à la paix et celles qui tendent à l'édification mutuelle.»*
*Romains14:19[15] Amen !*

# CHAPITRE IX

## Confession des jeunes gens

Trop souvent les enfants pensent que les choses de dieu ne concernent que les adultes et qu'ils peuvent des lors s'adonner a tous les plaisirs de la vie et qu'ils pourront changer une fois adulte. Ceci est une erreur fatale. Dieu nous recommande d'instruire nos enfants afin qu'ils croissent dans la connaissance de ses commandements.

*« Seulement, prends garde à toi et veille attentivement sur ton âme, tous les jours de ta vie, de peur que tu n'oublies les choses que tes yeux ont vues, et qu'elles ne sortent de ton cœur; enseigne-les à tes enfants et aux enfants de tes enfants. »* Deutéronome 4 :9

**Aussi il est bon que les jeunes gens confessent ceci :**

❖ Père moi . . . Je te remercie de ce que la communication de ma foi devient efficace.

*« En sorte que ta communion dans la foi opère en reconnaissant tout le bien qui est en nous à l'égard du Christ Jésus »*
*Philémon 1:6*

❖ Je recherche d'abord ton royaume et ta droiture et je reçois de bons cadeaux, car ta parole recommande de chercher premièrement le royaume de Dieu et sa justice, et toutes ces choses nous seront données par-dessus. *Mathieu 6:33*

❖ Je suis discipliné et disposé à être enseigné et le Seigneur lui même est ma paix.

*« Et tous tes fils seront enseignés de l'Éternel, et la paix de tes fils sera grande. »*
*Esaie 54 :13*

❖ J'aime le Seigneur de tout mon cœur, de toute mon âme, de toute ma force.

*« . . . mettez dans votre cœur et dans votre âme, ces paroles que je vous dis. Et liez-les pour signes sur vos mains, et qu'elles soient comme des fronteaux entre vos yeux; et vous les enseignerez à vos fils, en leur en parlant, quand tu seras assis dans ta maison, et quand tu marcheras par le chemin, et quand tu te coucheras, et quand tu te lèveras; et tu les écriras sur les poteaux de ta maison et sur tes portes »*
*Deutéronome 11:18-20*

❖ Puisque j'observe et je fais tout selon la parole de Dieu, je suis prospère.

*« Tout homme qui sera rebelle à tes commandement et qui n'écoutera pas tes paroles en tout ce que tu nous commanderas, sera mis à mort ; seulement fortifie-toi et sois ferme »*
*Josué 1:8*

❖ Je m'occupe sagement et j'ai le bon succès, et je marche dans la santé divine.

*« Mon fils, sois attentif à mes paroles, incline ton oreille à mes discours. "Qu'ils ne s'éloignent point de tes yeux; garde-les au dedans de ton cœur; car ils sont la vie de ceux qui les trouvent, et la santé de toute leur chair. Garde ton cœur plus que tout ce que l'on garde, car de lui sont les issues de la vie. Écarte de toi la fausseté de la bouche, et éloigne de toi la perversité des lèvres »*
*Proverbes 4:20-24*

❖ Puisque je suis formé de la manière que je devrais l'être, je ne m'écarterai pas de lui. J'ai de l'amour pour mes parents qui me disciplinent.

*« Enfants, obéissez à vos parents dans le Seigneur, car cela est juste. Honore ton père et ta mère, (c'est le premier commandement avec promesse,) afin que tu prospères et que tu vives longtemps sur la terre »*
*Éphésiens 6:1-3*

❖ J'obéis à mes parents dans le Seigneur (en tant que ses représentants) parce que ceci est juste et droit.
Je les honore et les estime et les valorise en tout de sorte que tout va bien avec moi et je vivrai une longue vie sur terre. Mes parents ne m"irritent pas ni ne me provoquent. Ni l'un ni l'autre ne m'exaspère au ressentiment, mais ils m'élèvent tendrement dans la formation, la discipline, les sages conseils, et la remontrance du Seigneur.

❖ Je respecte le repos de mes parents et je fais ce qui les enchante.
*« Corrige ton fils, et il te donnera du repos et procurera des délices à ton âme.»*
*Proverbes 29:17*

❖ *Je prospère et je suis en santé pendant que Mon âme prospère.*

*« Bien-aimé, je souhaite que tu prospères en toutes choses, et que tu sois en santé, comme ton âme est en prospérité. »*
*3Jean1:2.*

Dieu assure tous mes besoins selon sa richesse dans la gloire par le Christ Jésus.

*« Je puis toutes choses en Christ qui me fortifie. » Philipiens4 : 13*

❖ J'abonde en amour envers toutes les personnes et les fruits de l'esprit: l'amour, la joie, la paix, la patience, la bonté, la qualité, la fidélité, la gentillesse ainsi que le sang-froid abondent dans ma vie.

*« Nous souvenant sans cesse de votre œuvre de foi, de votre travail d'amour, et de votre patience d'espérance de notre Seigneur Jésus Christ, devant notre Dieu et Père »*
*1 Thessaloniciens3 :12.* [16]

❖ *Je Fais toutes choses sans maugréer, rouspéter ou me plaindre et m'interroger.*

*"Faites toutes choses sans murmures et sans raisonnements »*
*Philippiens 2:14*

❖ J'évite les convoitises de jeunes et je poursuis la droiture, l'amour de foi et la paix.

*« . . . Mais fuis les convoitises de la jeunesse, et poursuis la justice, la foi, l'amour, la paix, avec ceux qui invoquent le Seigneur d'un cœur pur»*
*2Timothée2: 22.*

❖ Le Seigneur mon Dieu en moi est puissant et Jésus me regarde avec joie.

*« L'Éternel, ton Dieu, au milieu de toi, est puissant; il sauvera; il se réjouira avec joie à ton sujet: il se reposera dans son amour, il s'égayera en toi avec chant de triomphe. »*
*Sophonie3:17.*

« *Oui, le bonheur et la grâce m'accompagneront Tous les jours de ma vie, Et j'habiterai dans la maison de l'Eternel Jusqu'à la fin de mes jours.* »
*Psaumes 23:6 Amen ! (Louis Segond)*

# CHAPITRE X

## Confessez votre prospérité

Il peut vous étonner d'apprendre combien de fois la bible parle de finances. Il y a plus de 2350 versets sur la façon dont nous devons manipuler notre argent et nos possessions. Et Jésus parle plus au sujet de l'argent que presque tout autre sujet. On y trouve Trois raisons :

- La façon dont nous manipulons notre argent influence notre relation personnelle avec Dieu
- Les possessions concurrencent le Seigneur et finissent par occuper la première place dans notre vie.
- La plus grande partie de notre vie tourne autour de l'utilisation de l'argent.

Dieu n'a jamais créé l'argent. Nulle part dans la bible il n'est écrit que l'argent ou la monnaie telle que nous la connaissons, ait jamais été créé par Dieu. Par contre Dieu a créé toutes les substances utilisées pour fabriquer l'argent. L'argent est donc une création des hommes.

L'argent est un instrument d'échange et de conservation de la valeur des biens. Ainsi dans l'esprit populaire l'argent n'a rien à voir avec Dieu. Ainsi les gens pensent que nous ne pouvons pas penser argent et rester spirituels.

Dieu veut que nous le déifiions. D'une manière mondaine nous pourrions dire que Dieu veut que nous prenions un pari avec lui pour voir qui sera le gagnant : nous ou lui.

En fait c'est une victoire situationnelle parce que Dieu a déjà tout prévu pour nous. Tout ce dont nous avons besoin dans cette vie, est prévu avant la fondation de l'univers. Dieu n'est jamais embarrassé par nos besoins.

En nous acquittant de la dîme et des offrandes nous l'aidons à libérer ce qu'il a déjà ordonné pour nous.

Notre dîme et nos offres constituent la clef pour ouvrir les fenêtres du ciel afin de recevoir la douche des bénédictions. Votre attitude envers l'argent indique réellement votre attitude envers Dieu lui-même.

Nous recevons la grâce de Dieu par la foi. Voici venir le conflit entre notre homme charnel et notre homme spirituel. Tandis que notre homme charnel se dirige vers nos conditions (factures, maladies etc.) rendant difficile notre décision de mettre une certaine somme d'argent Dieu, la proportion que nous donnons détermine la partie que nous recevons de Dieu. Vous ne devez pas reposer passivement et souhaiter ou espérer recevoir de Dieu.

Vous pouvez commencer à agir dans la foi avec vos finances selon les prévisions indiquées par Dieu dans le Nouveau Testament. Quand vous faites ceci, alors la gestion de vos finances devient la responsabilité de Dieu.

## Dieu a un plan pour de vie pour chacun de nous

Dieu a un plan parfait pour chaque personne et l'argent fait également partie de ce plan vie. Le plan de Dieu pour l'humanité est notre prospérité. C'est un plan qui inclut naturellement la prospérité. La notion de prospérité a été en grande partie mal interprétée et plus souvent en dehors de sa vraie signification, c'est-à-dire de sa définition biblique par rapport au plan de Dieu. La grande partie de notre vie, se résume en un mot: Prospérité. Voyons ce qu'en dit l'apôtre Jean dans *3Jean1:2*

*« Bien-aimé, je souhaite que tu prospères en toutes choses, et que tu sois en santé, comme ton âme est en prospérité. Car je me suis fort réjoui quand les frères sont venus, et ont rendu témoignage de ta sincérité, et comment tu marches dans la vérité. Je n'ai point de plus grande joie que celle-ci, [qui est] d'entendre que mes enfants marchent dans la vérité».*

Nous voyons que Dieu veut que nous réussissions dans notre âme, dans notre corps physique, et dans nos finances. Dans Genèse, nous voyons que Dieu après avoir crée toutes choses et les avoir trouvées bonnes, donna cette belle et abondante terre à Adam, et lui a accordé l'autorité ou domination sur toute la création.

*« Et Dieu les bénit, et leur dit : Croissez, et multipliez, et remplissez la terre; et l'assujettissez, et dominez sur les poissons de la mer, et sur les oiseaux des cieux, et sur toute bête qui se meut sur la terre.»*
*Genèse. 1:28.*

Le plan de Dieu des le commencement était d'enrichir et prospérer l'être humain. Chaque croyant a la promesse de recevoir les bénédictions d'Abraham qui incluent des bénédictions spirituelles, émotives, physiques et matérielles.

C'est la grandeur promise par Dieu à Abraham.

Il le bénit de beaucoup de manières, y compris des bénédictions matérielles. Pour s'en convaincre il suffit de considérer le nombre impressionnant de domestiques qu'il possédait. *(Genèse 24:35.)*

Or l'Eternel a béni abondamment mon Seigneur, et il est devenu grand; car il lui a donné des brebis, des bœufs, de l'argent, de l'or, des serviteurs, des servantes, des chameaux, et des ânes. Et énumère les bénédictions matérielles que Dieu lui a données. Nous, les croyants d'aujourd'hui travaillons dans la même dynamique.

*« Christ nous a rachetés de la malédiction de la loi, étant devenu malédiction pour nous (car il est écrit: Maudit est quiconque est pendu au bois), afin que la bénédiction d'Abraham parvînt aux nations dans le Christ Jésus, afin que nous reçussions par la foi l'Esprit promis. ».*
*Galates 3:13-14,*

Dieu promet de donner à tous les croyants les bénédictions d'Abraham, et nous dit que Jésus est devenu une malédiction pour nous de sorte que nous puissions recevoir les bénédictions d'Abraham. Ceci, évidemment, commence par notre renaissance, notre transformation en nouvelles créatures en Christ Jésus. Les bénédictions d'Abraham impliquent également d'autres choses.

Le Seigneur souhaite que nous prospérions, spirituellement, émotionnellement, physiquement aussi bien que matériellement. Ces bénédictions sont à nous et elles incluent la prospérité et la vie financières en abondance.

Le plan de Dieu est un engagement avec l'humanité pour fournir la vie en abondance.

Des la création, les écritures nous montrent que Dieu qui veut notre bonheur et notre prospérité. Dieu se réjouit quand nous prospérons.

*« Qu'ils exultent et qu'ils se réjouissent, ceux qui sont affectionnés à ma justice; et qu'ils disent continuellement: Magnifié soit l'Éternel, qui prend plaisir à la paix de son serviteur»*
*Psaumes 35:27.*
Quand nos besoins sont satisfaits, nous avons la paix. En outre, si Dieu se réjouit de la prospérité de ses serviteurs, combien plu se réjouirait-il de la prospérité de sa progéniture c'est-à-dire de ceux qui ont été achetés avec le sang de son fils unique Jésus et adoptés par lui !
Pensez comment cela doit satisfaire Dieu que nous, ses fils et filles, prospérions selon son plan de prospérité.

*« Donnez, et il vous sera donné: on vous donnera dans le sein bonne mesure, pressée et secouée, et qui débordera; car de la même mesure dont vous mesurerez, on vous mesurera en retour »*
*Luc 6:38.*

Dieu nous multiplie par la dîme. Il n'a rien à faire de nos dîmes. Il veut tout simplement nous sortir de la prison dans laquelle nous nous enfermons si nous ne donnons pas la dîme. Plus nous donnons plus nous obtenons de Dieu. Quand nous ne donnons pas de dîme nous

84

sacrifions notre avenir. Cela signifie que quelque chose d'autre est plus important pour nous que ce que nous pouvons obtenir de lui.

Il existe ce qu'on pourrait appeler la loi « du retour divin » caractérisé par la réciprocité. Nous donnons et Dieu nous donne. Quand nous semons une graine, la terre offre une moisson. C'est un rapport réciproque. La terre nous donne, si nous donnons à la terre. Nous déposons l'argent en compte bancaire et la banque nous paye des intérêts.

Cela s'appelle la réciprocité. Cependant, dans notre perception charnelle de Dieu, nous souhaitons recevoir de Dieu sans donner. Ceci est d'autant plus vrai dans notre relation particulièrement avec Dieu. Nous savons que la réciprocité est fondamentale dans le système du monde. Néanmoins, nous pensons toujours que Dieu pourrait nous fournir tout ce dont nous avons besoin sans avoir à investir dans son royaume. Nous investissons notre temps, notre talent, notre attachement et notre argent, tout en comptant recevoir quelque chose. Comment alors pouvons-nous obtenir une récolte sans semer une graine ? Comment pouvons-nous nous attendre à ce que Dieu honore nos désirs quand nous n'avons pas honoré le plus simple de ses commandements : donner ? La prospérité commence par l'investissement. Dieu lui-même nous a donné l'exemple dans *Jean3:16* Afin d'obtenir notre salut il a d'abord donné son fils unique. Ceci semble la loi ou le principe selon lequel Dieu lui-même fonctionne. Dieu aurait pu décréter notre salut, après tout il est souverain et de ce fait il n'a de compte à ne rendre à personne.

Cependant lié par son propre principe ou si vous voulez, obéissant à sa propre loi, qu'il ne peut donc pas violer, il donna son fils en guise de semis pou obtenir la récolte massive de l'humanité toute entière. Le plan de prospérité de Dieu fonctionne comme un retour sur investissement.

Il est clair que Dieu souhaite que ses enfants prospèrent. La prospérité ne devrait pas être une fin en soi, mais le résultat d'une qualité de vie, faite de dévotion, d'attachement et d'action qui correspondent à la parole de Dieu. Le mot « prospère » (Grec, euodoo) signifie littéralement « pour aider à démarrer » ou « à avoir le succès dans la réalisation ».Ceci implique clairement que la prospérité divine n'est pas un phénomène momentané ou passager, mais plutôt un état continuel et progressif de bon succès, de bien-être.

Il s'applique à tous les secteurs de notre vie : spirituel, physique, émotif et matériel. Profit de notre investissement, et notre investissement avec Dieu. Par notre dîme, nous investissons auprès de Dieu et un jour au plus fort de nos ennuis, nous le lui rappellerons. Ce jour-là nous pouvons dire : « rappelez-vous Oh mon Dieu! » Notre dîme devient un don souvenir. Le don souvenir c'est ce que je peux donner pour que Dieu s'en rappelle.

Ce n'est pas acheter les faveurs de Dieu, mais un droit si nous demeurons et nous nous délectons dans le Seigneur. De l'efficacité de notre dîme dépend notre attitude en la donnant.

*« Or je dis ceci: Celui qui sème chichement moissonnera aussi chichement, et celui qui sème libéralement moissonnera aussi libéralement.»*
*2Corinthiens 9:6.*
Nous devons donner la dîme par la foi et non en serrant les dents ni dans la douleur.

## Les conditions nécessaires à la réalisation du plan divin de prospérité dans notre vie

### 1. L'Obéissance

La parole de Dieu est très précise en ce qui concerne nos finances. Elle prévoit une répartition claire des responsabilités financières dans la gestion de notre argent. Exprime plus simplement, nous pouvons dire : Quand Dieu a une pièce et nous aussi avons une pièce. La grande partie des échecs que nous subissons dans la gestion de l'argent provient du fait que nous ne réalisons pas quelles responsabilités sont les nôtres et celles qui ne le sont pas. L'étude et l'application des principes financiers de Dieu est un processus qui prend du temps quand nous apprenons les responsabilités de Dieu et faisons nôtre loyalement, nous pouvons éprouver la joie, l'espoir et la confiance au sujet de notre contrat à terme financier avec Dieu.

Dieu a promis assurer nos besoins.

« *Et mon Dieu pourvoira à vos besoins selon sa richesse, avec gloire en Jésus-Christ.»*
*Philippiens. 4:19*

*Dieu* a promis de satisfaire les désirs de notre cœur et

« *il te donnera les demandes de ton cœur* » *Psaumes. 37:4* Mais il veut également que nous définissions clairement nos priorités : « *Cherchez d'abord le royaume de Dieu* ».

De cette façon, se basant sur les promesses de Dieu, comme sur des priorités bien établies, nous pouvons espérer que toutes ces choses nous seront ajoutées. *Matthieu 6:33.*

Dieu n'est pas impressionné par nos sacrifices mais par notre obéissance. L'obéissance est mieux que le sacrifice. Dieu veut nous bénir, mais nous ne pouvons obtenir les bénédictions de Dieu qu'en lui étant obéissant. Obéir Dieu est obéir à ses commandements (préceptes). Un de ses préceptes est le don de la dîme.

## 2. La dîme

La dîme est par définition le dixième de tous nos revenus. (Salaires, commissions, bénéfices etc.)

Par notre dîme, nous donnons à Dieu ce qui de toute façon lui appartient de droit. Beaucoup ne croient pas qu'il faille payer la dîme parce qu'ils pensent que cette pratique relève de l'Ancien Testament. Une chose est certaine, Jésus n'a jamais demandé à personne d'abolir l'Ancien Testament du fait de sa présence sur terre. Il est venu pour accomplir l'Ancien Testament.

« *Un homme frustrera-t-il Dieu? Toutefois, vous me frustrez, et vous dites: En quoi te frustrons-nous? Dans les dîmes et dans les offrandes élevées. Vous êtes chargés de malédiction, et vous me frustrez toujours, vous, la nation*

*tout entière. Apportez toutes les dîmes à la maison du trésor, afin qu'il y ait de la nourriture dans ma maison, et éprouvez-moi par ce moyen, dit l'Éternel des armées, si je ne vous ouvre pas les écluses des cieux, et ne verse pas sur vous la bénédiction, jusqu'à ce qu'il n'y ait plus assez de place. ».*
*Malachie 3 : 8-10*

*Dieu* nous dit que négliger la dîme c'est le voler.
Ce faisant nous nous volons et renonçons aux bénédictions de Dieu qui y sont attachées. Nous sommes frappés d'incapacité par notre propre pauvreté et ceci est souvent provoqué par notre désobéissance à la parole de Dieu. Cette désobéissance est manifestée de plusieurs manières : L'une d'entre elles c'est voler Dieu.
Ce passage nous indique clairement que quand nous retenons nos dîmes et offrandes, nous volons Dieu.
Par conséquent, nous nous privons également des bénédictions que Dieu veut nous accorder.
Cesser de payer la dîme viole la loi de Dieu. Violant la loi de Dieu par défaut de paiement de dîme ; il ne peut pas agir en notre faveur. Rien ne devrait empêcher un sage croyant offrant la dime d'obtenir des faveurs de Dieu.
Toute fois Nous ne devrions jamais payer la dîme avec l'objectif d'obtenir quelque chose, plutôt, notre action de donner doit procéder de l'obéissance à Dieu, car Dieu récompense toujours l'obéissance ! Par la dîme nous obtenons des bénédictions individuelles.
Cependant beaucoup de gens payent la dîme et n'obtiennent pas de multiplication pourquoi ? En raison de leur fausse attitude. Notre attitude en donnant à Dieu est de la plus grande importance.
La Bible nous recommande d'être des donateurs gais. Dans le livre des Nombres18:27, nous lisons :

*« Et votre offrande élevée vous sera comptée comme le froment pris de l'aire, et comme l'abondance du moût pris de la cuve. »*

La dîme plante une graine pour l'avenir. Les avantages résultant du paiement de la dîme ne sont pas pour Dieu mais pour nous-mêmes.

Nous sommes les administrateurs de nos possessions et ses possessions nous sont accordées par Dieu.

*« Mais mon Dieu suppléera à tous vos besoins selon ses richesses en gloire par le Christ Jésus »*
*Philippiens 4:19.*

*« Ordonne à ceux qui sont riches dans le présent siècle, qu'ils ne soient pas hautains et qu'ils ne mettent pas leur confiance dans l'incertitude des richesses, mais dans le Dieu qui donne toutes choses richement pour en jouir »*
*1 Timothée 6:17.*

Éclaircissons une grande partie du malentendu qui existe aujourd'hui au sujet de nos acquisitions ou nos possessions de biens matériels.

L'apôtre Paul nous dit de ne pas faire confiance dans l'incertitude de la richesse. Nous ne devons pas placer notre espoir dans la richesse, ou compter qu'elle nous apportera la sécurité ou la liberté. Ici, le mot « espoir » (Grec, élis) signifie « espérer "ou « avoir une espérance de quelque chose ». Pourquoi l'apôtre dit cela ? Parce que la richesse est vraiment transitoire. Les valeurs changent, et la richesse terrestre représente seulement une valeur éphémère.

Ce qui a de la valeur aujourd'hui, pourrait demain être sans valeur. Ainsi la chose sage à faire est de placer notre confiance, c'est-à-dire, notre espoir, uniquement en Dieu en et croyant qu'il fera le nécessaire pour nous.

De plus, nous ne devons jamais laisser la possession de la richesse nous inciter à penser que nous sommes meilleurs que d'autres ou même nous donner le droit de nous comporter en personnes irresponsables ou négligentes.

*« Celui qui ne l'a point connue, et qui a fait des choses qui méritent des coups, sera battu de peu de coups: car à quiconque il aura été beaucoup donné, il sera beaucoup redemandé; et à celui à qui il aura été beaucoup confié, il sera plus redemandé »*
*Luc 12:48.*

Quel doit être notre relation par rapport à nos possessions ?

*« Et comme Il(Jésus) sortait sur la route, un homme accourut, et, se jetant à genoux devant lui, il lui demanda: Bon maître, que ferai-je afin que j'hérite de la vie éternelle? Et Jésus lui dit: Pourquoi m'appelles-tu bon? Nul n'est bon, sinon un seul, Dieu. Tu sais les commandements: Ne commets point adultère; ne tue point; ne dérobe point; ne dis point de faux témoignage: ne fais tort à personne; honore ton père et ta mère. Et répondant, il lui dit: Maître, j'ai gardé toutes ces choses dès ma jeunesse. Et Jésus, l'ayant regardé, l'aima, et lui dit: Une chose te manque: va, vends tout ce que tu as et donne aux pauvres, et tu auras un trésor dans le ciel, et viens, suis-moi, ayant chargé la croix. Et lui, affligé de cette parole, s'en alla tout triste, car il avait de grands biens. Et Jésus, ayant regardé tout à l'entour, dit à ses disciples: Combien difficilement ceux qui ont des biens entreront-ils dans le royaume de Dieu! Et les disciples s'étonnèrent de ses paroles; et Jésus, répondant encore, leur dit: Enfants, combien il est difficile à ceux qui se confient aux richesses d'entrer dans le royaume de Dieu! Il est plus facile qu'un chameau passe par un trou d'aiguille, qu'un riche n'entre dans le royaume de Dieu. Et ils s'en étonnèrent excessivement, disant entre eux: Et qui peut être sauvé? Et Jésus, les ayant regardés, dit: Pour les hommes, cela est impossible, mais non pas pour Dieu; car toutes choses sont possibles pour Dieu.»*
*Marc 10:17-27.*

Dieu n'est pas opposé au chrétien possédant des biens matériels. Cependant, il est opposé aux biens matériels « possédant » ou ayant domination sur les chrétiens.

Dans le passage ci-dessus, le jeune homme riche avait observé la loi toute sa vie, mais sa richesse l'a dominé. Il ne pouvait pas renoncer à ses biens matériels ; même pas en échange de la vie éternelle. Sans doute que s'il avait été disposé à s'en passer, Jésus l'aurait autorisé à les garder. Cet épisode constitue un exemple triste de ce qui peut se produire quand nous mettons notre confiance dans les biens matériels, au lieu de la placer dans le royaume de Dieu, sachant que c'est Dieu lui-même qui nous les a premièrement donnés. Nous ne devrions pas mettre toute notre confiance dans nos possessions mais en Christ.

*« Je sais être abaissé, je sais aussi être dans l'abondance; en toutes choses et à tous égards, je suis enseigné aussi bien à être rassasié qu'à avoir faim, aussi bien à être dans l'abondance qu'à être dans les privations. Je puis toutes choses en celui qui me fortifie. »*
*Philippiens 4:12-13.*

Ce passage biblique affirme « oui » nous pouvons obtenir des richesses, et « non » ne plaçons pas votre confiance en elles.

*« Si donc il y a quelque consolation en Christ, si quelque soulagement d'amour, si quelque communion de l'Esprit, si quelque tendresse et quelques compassions, rendez ma joie accomplie en ceci que vous ayez une même pensée, ayant un même amour, étant d'un même sentiment, pensant à une seule et même chose. Que rien ne se fasse par esprit de parti, ou par vaine gloire; mais que, dans l'humilité, l'un estime l'autre supérieur à lui-même, chacun ne regardant pas à ce qui est à lui, mais chacun aussi à ce qui est aux autres. Qu'il y ait donc en vous cette pensée qui a été aussi dans le Christ Jésus»*
*Philippiens. 2:1-5.*

Nous devons toujours rester humbles, si nous sommes bénis avec des richesses. Ici nous sommes assurés que si nos vies cherchent la direction de la parole de Dieu, alors, par le Christ, nous pouvons apprécier la prospérité financière. Nous tenons fermes dans notre vie parce que notre confiance repose seulement dans le Seigneur. Si l'économie s'écroule demain, les enfants de Dieu eux n'en seront pas affectes. Le Seigneur peut nous protéger en période de trouble et de disette, comme en période d'abondance. Il a alimenté Elie en envoyant le corbeau pour lui apporter de la nourriture le matin et l'après-midi. Dieu est capable de faire la même chose aujourd'hui dans notre vie.

*« Et la parole de l'Éternel vint à lui, disant: Va-t-'en d'ici, et tourne-toi vers l'orient, et cache-toi au torrent du Kerith, qui est vers le Jourdain. Et il arrivera que tu boives du torrent, et j'ai commandé aux corbeaux de te nourrir là. Et il s'en alla et fit selon la parole de l'Éternel: il s'en alla et habita au torrent du Kerith, qui est vers le Jourdain. Et les corbeaux lui*

*apportaient du pain et de la chair le matin, et du pain et de la chair le soir,*
*et il buvait du torrent.»*
*I Rois 17:2-6.*

Dieu est le même aujourd'hui comme il était avant. Dieu ne change pas. Il continue de bénir ses enfants comme avant. Si nous sommes bénis aujourd'hui, nous devons nous rappeler que nous sommes bénis pour être une bénédiction à d'autres.

*« Mais tu te souviendras de l'Éternel, ton Dieu, que c'est lui qui te donne de la force pour acquérir ces richesses, afin de ratifier son alliance, qu'il a jurée à tes pères, comme il paraît aujourd'hui.» Deutéronome8:18*

Dieu est notre pourvoyeur. S'il nous bénit avec l'abondance son but c'est pour que nous soyions une bénédiction à d'autres.

Nos richesses nous sont données en confiance par Dieu. Nous ne devons donc pas gaspiller nos possessions de manière égoïste. Autant Dieu veut satisfaire nos besoins et les désirs de notre cœur, une fois ces besoins satisfaits et notre cœur remplis à satiété, nous devrions faire très attention pour ne pas tomber dans l'excès et finir par gaspiller ces bénédictions. Dieu veut que nous employions notre abondance pour bénir d'autres. Dieu veut que nous ayons la richesse, et l'argent n'en est qu'une partie. Une personne peut avoir des milliards et cependant être pauvre en santé, sans paix et amis . . . Nous devrions employer nos possessions sagement et avec responsabilité.

*« Bienheureux l'homme qui ne marche pas dans le conseil des méchants, et ne se tient pas dans le chemin des pécheurs, et ne s'assied pas au siège des moqueurs, qui a son plaisir en la loi de l'Éternel, et médite dans sa loi jour et nuit! Et il sera comme un arbre planté près des ruisseaux d'eaux, qui rend son fruit en sa saison, et dont la feuille ne se flétrit point; et tout ce qu'il fait prospère.»*
*Psaumes1:1-3.*

La richesse est plus que l'argent et les possessions.

Nous avons besoin de sagesse pour recevoir la réalisation de la prospérité de Dieu et pour apprécier son accomplissement dans notre vie: santé, richesse, paix et amitiés, nous aide à servir d'autres.

La promesse de prospérité de Dieu est toujours vers une extrémité, et pas une extrémité en elle-même.

Aucune promesse de Dieu n'est exempte d'une certaine action responsable de notre part. Personne ne prospérera sans faire ce que Dieu dit. Trop souvent nous voulons les résultats promis sans l'accompagner d'engagement responsable. Mais aucun de nous ne gagnera quelque chose de valable instantanément. Nous échouons parce que nous voulons que les réponses de Dieu s'adaptent à notre itinéraire. Mais ces réponses viennent quand nous mettons sa parole en action. Tout comme nous obtenons des diplômes universitaires après des années d'études intenses, de même par la poursuite patiente de sa promesse nous pouvons nous attendre à ce que la parole de Dieu mûrisse en nos vies. Chaque promesse de Dieu exige une action responsable de notre part.

*« Et il leur dit: Voyez, et gardez-vous de toute avarice; car encore que quelqu'un soit riche, sa vie n'est pas dans ses biens. »*
*Luc 12:15.*

La vie est beaucoup plus que la somme de biens matériels et l'obtention de possessions. Dieu veut, plutôt que nous jouissions d'une vie pleine, complète et équilibrée.

Il a pris des dispositions dans sa parole, de sorte que nous puissions apprécier la vie que nous recevons de lui. D'une manière mondaine nous pourrions dire que Dieu veut que nous prenions un pari avec lui pour voir qui en sera le gagnant. En fait il s'agit d'une situation ou nous partons gagnants d'avance parce que Dieu a déjà tout prévu pour nous. Tout ce dont nous avons besoin dans cette vie a déjà été prévu avant la fondation de l'univers. Dieu n'est jamais embarrassé par nos besoins. Par nos dîmes et offrandes nous l'aidons à libérer ce qu'il a déjà ordonné pour nous. Nos dîmes et offrandes constituent la clef pour ouvrir les fenêtres du ciel afin de recevoir la douche de bénédictions. Nous établissons un rapport avec Dieu.

Comment prouvons-nous notre amour à Dieu ? Par notre attitude. Nous devrions être joyeux, oui hilare tout en donnant à Dieu, parce que Dieu aime un donneur gai. La clef est l'obéissance totale à Dieu. Aussi quand vous perdez quelque chose ou quelqu'un, ne soyez jamais fâché contre Dieu, parce qu'il est votre fournisseur et il est le seul capable de vous aider à retrouver ce que vous avez perdu.

## Le plan de Dieu pour nos finances en six étapes

1. Nous devons marcher dans la fidélité
2. Nous devons nous soumettre à Dieu
3. Nous devons permettre à notre droiture d'être établie en donnant
4. Nous devons donner par amour pour Dieu et pour nos prochains
5. Nos devons donner avec gaîté afin d'attirent la faveur de Dieu sur nous.
6. Nous favorisons ainsi la disposition de Dieu à nous combler d'avantage.

Dieu n'est pas avare. Il veut que ses enfants vivent une vie abondante.

## Comment réclamer notre prospérité

❖ Père Moi . . . je viens à toi au nom de Jésus, qui est le grand prêtre de notre confession.

❖ Je prends la résolution de donner non à contrecœur, mais gaiement et avec joie, et parce tu fais abonder toute grâce sur moi je suis abondant de toute suffisance en toutes l choses et abondant en bons travaux.

❖ Je t'honore du premier fruit de mes revenus, et mes greniers sont pleins.

Puisque je m'acquitte de mes dîmes, tu réprimes le dévoreur pour moi. Tu as ouvert les fenêtres des écluses du ciel et verse tes bénédictions sur moi de sorte que je n'ai pas assez d'espace pour les contenir. La richesse et la richesse sont dan pas suffisamment D'espace pour les contenir.

❖ Je suis comme un arbre planté sur les rives de cours d'eau, je produis des fruits en toute saison et mes feuilles ne défraîchissent pas. aussi quel que soit ce que je touche prospère. Ta parole déclare que tu veux que je prospère et que je sois en bonne santé pendant que mon âme prospère.
Je prends la décision, maintenant de prospérer dans tous les secteurs de ma vie. Le Seigneur m'augmentera de plus en plus, moi et mes enfants car tu prends plaisir dans la prospérité de ton peuple.
Je tourne mes pensées vers toi, et tu me donnes tout ce dont j'ai besoin.

❖ Je médite ta parole jour et nuit ainsi et je réussis dans tout ce que j'entreprends.

❖ J'ai en moi la vie de Dieu et j'ai donc la vie abondante. Puisque j'ai ton genre de vie mon Dieu, tous mes besoins sont assurés par toi selon tes richesses dans la gloire par le Christ Jésus.
Je suis un donateur pour avancer l'Évangile et pour augmenter ton royaume, ainsi je reçois des gens bonne mesure, pressée secouée, tassée et débordant.

❖ Tu as dit que ta parole ne revient pas vide, sans avoir accompli Ce pourquoi tu l'as envoyée, ainsi je reçois maintenant par toi Père, le pouvoir, la richesse pour établir ta promesse ici sur cette terre.

❖ Je suis confiant, Père de gloire de l'accomplissement de tes promesses dans ma vie. Amen.

# CHAPITRE XI

## Déclarez votre Guérison !

La maladie n'existe pas dans le royaume de Dieu.

*« Et la mort ne sera plus ; il n'y aura plus ni deuil, ni cri, ni douleur, car les premières choses ont disparu. »*
*Apocalypse 24:4*

Par conséquent aucune maladie ne peut venir de Dieu. Dans Exode15 :26 Dieu a été très clair : *« car je suis l'Eternel qui te guérit »* Et si la maladie ne vient de Dieu d'où vient donc la maladie? La maladie vient du diable. Dans l'Ancien Testament, où la justification est obtenue par des œuvres, en obéissant à loi, la maladie venait comme une malédiction du fait de la violation de la loi.
Quelle merveilleuse nouvelle de savoir que par le salut la maladie a été éliminée. Dans le salut nous avons le « sozo », l'affranchissement, le rachat, la prospérité et la guérison. Devenus fils et les filles du Très Haut, et cohéritiers avec Christ et assis dans les lieux célestes, la maladie n'a plus de place dans nos corps.

La guérison est un cadeau qui a été mis à notre disposition dans le monde spirituel et que nous devons faire descendre dans le monde physique par la déclaration de notre bouche au nom de Jésus. Il y a le pouvoir dans le nom de Jésus.

En son nom, nous pouvons guérir les malades, nous pouvons chasser les démons. En son nom nous pouvons appeler les choses qui ne sont pas comme si elles existaient, par la foi.

## La Guérison avant l'œuvre de la croix

Les courants de pensée théologiques ne sont pas unanimes au sujet de la guérison miraculeuse.

Certains pensent que les guérisons miraculeuses relèvent uniquement des temps bibliques et ne sont plus possibles de nos jours. D'autres au contraire affirment haut et fort que la guérison est a notre portée et qu'elle fait partie du paquet de salut qui nous a été offert et moi je fais partie de ces derniers.

Mais qu'à cela ne tienne ! Voyons ce que la bible elle-même nous dit de la guérison miraculeuse et les fois ou elle s'est produit dans les écritures, aussi bien dans le Nouveau comme dans l'Ancien Testament.

### 1. Guérison par le serpent en laiton.

Dans le livre des Nombres 21:6-9

*« Et l'Éternel envoya parmi le peuple les serpents brûlants, et ils mordaient le peuple; et, de ceux d'Israël, il mourut un grand nombre ». Et le peuple vint à Moïse, et dit: Nous avons péché, car nous avons parlé contre l'Éternel et contre toi; prie l'Éternel qu'il retire de dessus nous les serpents. Et Moïse pria pour le peuple. Et l'Éternel dit à Moïse: Fais-toi un serpent brûlant, et mets-le sur une perche; et il arrivera que quiconque sera mordu, et le regardera, vivra. Et Moïse fit un serpent d'airain, et le mit sur une perche; et il arrivait que lorsqu'un serpent avait mordu un homme, et qu'il regardait le serpent d'airain, il vivait. »*

La guérison fut obtenue quand Moise fit le serpent d'airain, symbolisant la croix et le peuple fut guéri.

La guérison nous appartient désormais par la croix.

*« Et comme Moïse éleva le serpent dans le désert, ainsi il faut que le fils de l'homme soit élevé, afin que quiconque croit en lui ne périsse pas, mais qu'il ait la vie éternelle.» Jean 3:14-15*

## 2. La guérison par le sacrifice des animaux

Dans Exode *12:5-7; 12-13,* nous lisons :

*« Vous aurez un agneau sans défaut, mâle, âgé d'un an; vous le prendrez d'entre les moutons ou d'entre les chèvres; et vous le tiendrez en garde jusqu'au quatorzième jour de ce mois; et toute la congrégation de l'assemblée d'Israël égorgera entre les deux soirs. Et ils prendront de son sang, et en mettront sur les deux poteaux et sur le linteau de la porte, aux maisons dans lesquelles ils le mangeront; ».*

Les animaux choisis doivent être des mâles sans défaut, et peuvent être des moutons ou des chèvres. Ils avaient été recommandés d'en Prendre soin jusqu'au quatorzième jour du mois, et toutes les personnes d'Israël doivent les abattre au crépuscule.

Alors ils doivent prendre une partie du sang et l'asperger sur les côtés latéraux et au dessus des linteaux des maisons où ils mangent les agneaux.

Et Dieu dit :

*« Cette même nuit je traverserai l'Égypte et frapperai de chaque aîné, des hommes et des animaux et moi j'apporterai le jugement sur tous les dieux d'Égypte. Je suis le Seigneur. Le sang sera un signe pour toi sur les maisons où vous êtes ; et quand je vois le sang, je passerai au-dessus de toi. Aucune peste destructive ne vous touchera quand je frapperai l'Égypte. « Si tu écoutes attentivement la voix de l'Éternel, ton Dieu, et si tu fais ce qui est droit à ses yeux, et si tu prêtes l'oreille à ses commandements, et si tu gardes tous ses statuts, je ne mettrai sur toi aucune des maladies que j'ai mises sur l'Égypte, car je suis l'Éternel qui te guérit. » (Jéhovah Rapha). Exode.15 : 26*

Israël quitta l'Égypte, guidé par Dieu, chargé d'argent et d'or, et parmi leurs tribus d'Égypte personne n'a hésité à le leur en fournir. Dieu s'est également montré non seulement comme guérisseur mais également comme pourvoyeur de santé. Le plus grand service de santé s'est produit avec 2-3 millions de juifs qui quittèrent l'Égypte. Aucun d'eux ne fut malade. Ceci est une image prophétique et la préfiguration du salut et de la guérison pour le peuple de Dieu.

### 3. La Maladie comme conséquence de la violation de la loi

*Esaïe 53:3-5* dit :

« *Méprisé et délaissé des hommes, homme de douleurs, et habitue a la souffrance, et semblable a celui dont on détourne la face. Nous l'avons dédaigné, et nous n'avons eu pour lui aucune estime. Certainement, lui, a porté nos souffrances, et s'est chargé de nos douleurs; et nous, nous l'avons estimé puni, frappé de Dieu, et humilié; mais il a été blessé pour nos transgressions, il a été meurtri pour nos iniquités; le châtiment de notre paix a été sur lui, et par ses meurtrissures nous sommes guéris.* »

Le mot meurtrir signifie littéralement, blesser ou infliger une douleur corporelle. Le corps entier de Jésus, y compris les coups reçus sur le dos, la couronne d'épines, les clous qui ont percé ses mains et pieds, la lance qui a percé son côté. Toutes ses blessures corporelles et sa mort sacrificatoire finale étaient pour que nous puissions être guéris. Par la chute, nous avons tout perdu. Jésus a tout récupéré par la croix.

## La Guérison après l'œuvre de la croix

La guérison après la croix est garantie. Nous n'avons pas besoin de combattre pour l'obtenir. Nous n'avons pas besoin de nous inquiéter à ce sujet. Elle nous est accessible par l'œuvre salvatrice accomplie par Jésus Christ sur la croix. Nous devons juste la réclamer par la foi, nous exprimant au présent et non au futur. Bien que nous ne puissions pas la voir physiquement de nos yeux, nous devons voir notre guérison par nos yeux spirituels, c'est à dire par la foi, et nous convaincre que nous l'avons déjà obtenue. *Mathieu 8:16-17* dit :

« . . . *le soir, ou on amena auprès de Jésus plusieurs démoniaques, il chassa les esprits par sa parole, et il guérit tous les malades, afin que s'accomplisse ce qui avait été annonce par Esaïe, le prophète 'il a pris nos infirmités, et il s'est charge de nos maladies* ».

## 1. Communion et Guérison

Le but principal de la communion c'est nous rappeler le sacrifice de Christ sur la croix.

Trop souvent, nous nous bornons à ne considérer, et ce injustement, que la face de la croix oubliant son verso. Notre guérison se trouve au dos de la croix, parce que ses meurtrissures étaient à son dos et la bible indique « . . . *par ses meurtrissures nous avons été guéris* ».

Pas que nous seront, mais nous avons été déjà guéris. Ici le passé est utilisé à juste titre.

1Corinthiens. 11:26-30 dit :

« *Car toutes les fois que vous mangez ce pain et que vous buvez la coupe, vous annoncez la mort du Seigneur jusqu'à ce qu'il vienne. Ainsi quiconque mange le pain ou boit la coupe du Seigneur indignement sera coupable à l'égard du corps et du sang du Seigneur. Mais que chacun s'éprouve soi-même, et qu'ainsi il mange du pain et boive de la coupe; car celui qui mange et qui boit, mange et boit un jugement contre lui-même, ne distinguant pas le corps.*

*C'est pour cela que plusieurs sont faibles et malades parmi vous, et qu'un assez grand nombre dorment.* »

Beaucoup étaient et sont encore malades aujourd'hui parce qu'ils ont manqué de discerner correctement cette réalité biblique. Tous ces passages nous prouvent que la croix et la guérison sont liées.

## 2. La croix et l'abolition des malédictions y compris celle de la maladie

Dans Galates 3:13, nous voyons que, le Christ nous a rachetés de la malédiction de la loi en devenant une malédiction pour nous, parce qu'il est écrit :

*«Christ nous a rachetés de la malédiction de la loi, étant devenu malédiction pour nous (car il est écrit: Maudit est quiconque est pendu au bois) »*

# Qu'est ce que la malédiction de la loi?

La malédiction de la loi est la malédiction qui vient de la loi. Une des malédictions principales résultant de la violation de la loi est maladie.

*« Le fruit de ton ventre sera maudit, et le fruit de ta terre, les portées de ton gros bétail, et l'accroissement de ton menu bétail. Tu seras maudit en entrant, et tu seras maudit en sortant. L'Éternel enverra sur toi la malédiction, le trouble, et la réprobation, dans tout ce à quoi tu mettras ta main et que tu feras, jusqu'à ce que tu sois détruit, et jusqu'à ce que tu périsses rapidement, à cause de la méchanceté de tes actions, en ce que tu m'as abandonné. L'Éternel fera que la peste s'attache à toi, jusqu'à ce qu'il t'ait consumé de dessus la terre où tu entres pour la posséder. L'Éternel te frappera de consomption, et de fièvre, et d'inflammation, et de chaleur brûlante, et de sécheresse, et par la brûlure, et par la rouille, et elles te poursuivront jusqu'à ce que tu périsses. Et tes cieux qui sont sur ta tête seront d'airain, et la terre qui est sous toi sera de fer. L'Éternel donnera pour pluie de ton pays une fine poudre et de la poussière; elles descendront des cieux sur toi jusqu'à ce que tu sois détruit. L'Éternel fera que tu seras battu devant tes ennemis; tu sortiras contre eux par un chemin, et par sept chemins tu fuiras devant eux; et tu seras chassé çà et là dans tous les royaumes de la terre; et tes cadavres seront en pâture à tous les oiseaux des cieux et aux bêtes de la terre, et il n'y aura personne qui les effraye. L'Éternel te frappera de l'ulcère d'Égypte, et d'hémorroïdes, et de gale, et de teigne, dont tu ne pourras guérir. L'Éternel te frappera de délire, et d'aveuglement, et d'étourdissement de cœur »* Deutéronome 28:18-28.

Quelle joie de savoir que Christ nous a rachetés de la maladie.

## Si nos péchés sont totalement pardonnés en raison du travail fini de Christ à la croix, pourquoi sommes-nous encore malades?

Une telle réflexion relève plutôt de la philosophie et n'est pas biblique. Juste comme nous avons la parfaite sanctification ainsi avons-nous obtenu une guérison parfaite. Elle est mise à notre disposition et nous pouvons nous l'approprier par la grâce de l'œuvre de finition de Christ. Dans le salut, ou « sozo » en Grec, nous sommes sauvés, guéris, rachetés et rendus prospère. C'est ici que se produit la rencontre entre le monde spirituel et le monde physique. Nous sommes guéris en raison du calvaire.

Nous devons renouveler nos pensées.

Pendant des centaines d'années l'église n'a pas eu de révélation claire du salut par grâce par la foi jusqu'à la réforme. Au début ce fut difficile aux gens de saisir cette vérité. Mais parce que l'église protestante a commencé à embrasser cette vérité de tout cœur, l'enseignant, le pratiquant, et l'augmentation de la foi des personnes en elle. Aujourd'hui nous pensons que la guérison miraculeuse est la chose la plus simple au monde. Nous prions pour qu'un pécheur obtienne la conversion, nous n'avons aucun doute qu'ils l'obtiennent et qu'ils sont donc sauvés.

La guérison a fait partie de la vie normale de Jésus. Ainsi pourquoi est-il plus facile pour nous d'être entièrement convaincus quand nous prions pour que quelqu'un soit sauvé et que notre prière fonctionnera ?

Cependant quand nous prions pour la guérison des malades, il nous est plus difficile de croire qu'ils seront guéris Le salut a été acceptée pendant des siècles mais la révélation de guérison est une notion relativement nouvelle et elle continue de diviser l'église.

Il y a beaucoup d'églises qui vous diront que les guérisons miraculeuses n'ont plus cours aujourd'hui.

Nous devons renouveler nos pensées et les amener graduellement à l'acceptation de cette vérité qui pourtant est très biblique.

**Déclarez la guérison sur votre corps !**

❖ Père, Je viens à toi au nom de Jésus. Selon ta parole, je te fais connaître mes demandes, par mes prières et supplications avec gratitude.

   *« Ne vous inquiétez de rien, mais, en toutes choses, exposez vos requêtes à Dieu par des prières et des supplications avec des actions de grâces» Philippiens4:6*

❖ *Je sais que tu désires donner de bons cadeaux à tes enfants, et par-dessus tout, que je prospère et que je sois en bonne santé même pendant que mon âme prospère. [17].*

❖ Père je crois que tout bon cadeau et tout cadeau parfait vient de toi, et je crois dans mon cœur que Jésus est le guérisseur et Satan est l'oppresseur.

   *« Toute grâce excellente et tout don parfait descendent d'en haut, du père des lumières, chez lequel il n'y a ni changement ni ombre de variation. »*
   *Jacques 1:17*

❖ J'admets de ma bouche et je crois en mon cœur que celui qui est en moi plus grand que celui qui est dans le monde. Par conséquent, j'appliquerai ta parole et je ne la laisserai pas partir de mes yeux mais la maintiendrai au fond de mon cœur. Parce que ta parole donne la vie et la santé à toute ma chair.

   *« Mon fils, sois attentif à mes paroles, incline ton oreille à mes discours. Qu'ils ne s'éloignent point de tes yeux; garde-les au dedans de ton cœur; car ils sont la vie de ceux qui les trouvent, et la santé de toute leur chair»*
   Proverbes 4:20-22.

Ta parole déclare : tu es le Seigneur qui me guérit, et tu éloigne la maladie loin de moi [18].

Ta parole indique Avec les meurtrissures de Jésus j'ai été guéri ; que Jésus a porte tout dysfonctionnement de mon corps et maladies.

❖ J'ai été rachetés de la malédiction de la loi. [19] Ta parole dit: Tu as envoyé ta parole pour me guérir et pour me délivrer de la destruction [20]; que je dois t'obéir pour la guérison de toutes mes maladies.

*« Il envoya sa parole et les guérit, Il les fit échapper de la fosse.»*
*Psaumes 107:20*

❖ Père je viens à toi activant ma foi en disant à cette montagne d'adversité de quitter tout secteur de ma vie, et je crois en Mon cœur que Ce que je dis arrivera sans faute.

*« C'est lui qui pardonne toutes tes iniquités, Qui guérit toutes tes maladies»*
*Psaumes103:3[21]*

Je désire, prie et crois que je reçois ma guérison maintenant, selon ta parole.

❖ J'agirai comme si je suis guéri, parce que ta parole indique que je le suis.

*« C'est pourquoi je vous dis: Tout ce que vous demanderez en priant, croyez que vous l'avez reçu, et vous le verrez s'accomplir »* Amen
*Marc 11:24*

# CHAPITRE XII

## Réclamez votre haie de protection

Dans le livre de Job aux chapitres 1&2, nous apprenons que Dieu a mis une haie de la protection autour de son serviteur Job. Ceci est d'autant plus réconfortant que c'est Satan lui-même qui le confirme. Non seulement Satan reconnaît l'existence de la haie de protection de Dieu, mais il va plus loin jusqu'à reconnaitre qu'il est impuissant contre quiconque est entouré par la haie de protection de Dieu.

*"Et Satan répondit à l'Eternel: Est-ce d'une manière désintéressée que Job craint Dieu? Ne l'as-tu pas protégé, lui, sa maison, et tout ce qui est à lui? Tu as béni l'œuvre de ses mains, et ses troupeaux couvrent le pays. Mais étends ta main, touche à tout ce qui lui appartient, et je suis sûr qu'il te maudit en face. »*
*Job 1:9-11.*

Si nous vivons une vie juste non seulement Dieu ordonnera nos pas, mais aussi mettra littéralement un nuage spirituel autour de nous qui est impénétrable par Satan et ses démons. En tant que chrétiens nés de nouveau, nous sommes lavés par le sang de Jésus-Christ.
Nous sommes justifiés, sanctifiés et avons la droiture de Dieu. Ceci nous donne le droit de réclamer la protection de notre Père céleste contre les pièges de l'ennemi.

**Nous devrions réclamer cette haie de la protection en déclarant hardiment:** Au nom de Jésus, Je place la haie de protection de Dieu autour de:

- ○ Ma personne
- ○ Ma famille
- ○ Mon mariage
- ○ Mes mains
- ○ Mon ministère
- ○ Mes enfants
- ○ De . . . (Vous déterminez)

La haie du Seigneur nous donne l'assurance totale.

Aucun homme, aucune force spirituelle, aucun garde de corps, aucun talisman, aucun charme, aucun horoscope, aucun clairvoyant ne peut assurer ce genre de protection *Psaume 91, verset 4-6* déclare:

« Il *te couvrira de ses plumes, Et tu trouveras un refuge sous ses ailes; Sa fidélité est un bouclier et une cuirasse. Tu ne craindras ni les terreurs de la nuit, Ni la flèche qui vole de jour, Ni la peste qui marche dans les ténèbres, Ni la contagion qui frappe en plein midi.»*

## Déclarez Alors :

- ❖ Mon Dieu et mon Père bonjour
  *Bonjour, Jésus*
  *Bonjour, Esprit Saint! Père merveilleux, ta parole, je présente mon corps en sacrifice vivant, saint, acceptable a ta vue.*

  « *Je vous exhorte donc, frères, par les compassions de Dieu, à offrir vos corps comme un sacrifice vivant, saint, agréable à Dieu, ce qui sera de votre part un culte raisonnable* »
  *Romains12 : 1*

- ❖ Maintenant Père que je mets autour de ma taille la ceinture de vérité, je mets par-dessus tout la cuirasse de justice, je mets a mes pieds avec la préparation de l'Évangile de paix. Surtout, je prends le bouclier de foi avec lequel je pourrai éteindre tous dards ardents du malin. Et je prends le casque du salut, et l'épée de l'esprit qui est la parole de Dieu.

*«Tenez donc ferme: ayez à vos reins la vérité pour ceinture; revêtez la cuirasse de la justice; mettez pour chaussure à vos pieds le zèle que donne l'Évangile de paix; prenez par-dessus tout cela le bouclier de la foi, avec lequel vous pourrez éteindre tous les traits enflammés du malin; prenez aussi le casque du salut, et l'épée de l'Esprit, qui est la parole de Dieu.» Éphésiens 6:14-17*

❖ Selon ta parole, *la gloire du Seigneur est mon arrière-garde.* Maintenant, Père merveilleux, je te prie et je te remercie de l'armure que tu as fournie pour moi ce jour. Je suis complètement couvert maintenant, au nom de Jésus selon ta parole.

*« Alors ta lumière jaillira comme l'aurore et ta santé germera promptement, et ta justice marchera devant toi, la gloire de l'Éternel sera ton arrière-garde.» Esaie58:8*

❖ Sur Jésus j'ai établi ma vie, ma maison et mon mariage, et les portes de l'enfer ne prévaudront pas *contre eux.*

*« Et moi aussi, je te dis que tu es Pierre; et sur ce roc je bâtirai mon assemblée, et les portes de l'enfer ne prévaudront pas contre elle.» Mathieu 16:18*

❖ *Tu es ô Eternel mon berger: je ne manquerai de rien*
(Psaumes 23:1. Parce que tu as assuré tous mes besoins selon ta richesse dans la gloire et je peux faire toute choses par le Christ qui m'en donne la force.
*« Je puis toutes choses en celui qui me fortifie. » Philippiens 4:13*
*« . . . mais mon Dieu suppléera à tous vos besoins selon ses richesses en gloire par le Christ Jésus.»*
*Philippiens 4:19.*

❖ Je renvoie toutes imaginations, et je prends captive toute pensée mauvaise, fixant seulement mes pensées sur les choses qui sont vraies, honnêtes, justes, pures, pieuses, d'un bon rapport, vertueuses. *2Corinthiens10:5*, détruisant les raisonnements et toute hauteur qui s'élève contre la connaissance de Dieu, et amenant toute pensée captive à l'obéissance de Christ

❖ Et te confie tous mes soucis, parce que je sais que tu t'occupes de moi.
*« . . . rejetant sur lui tout votre souci, car il a soin de vous.» Amen ! 1Pierre5:7*

# CHAPITRE XIII

# Appliquez le sang de Jésus-Christ

L'auteur d'une chanson dit: il y a le pouvoir et le pouvoir de miracles, dans le sang de l'agneau. Pouvoir de miracles dans le sang de Jésus Christ. Nous avons été rachetés par le sang du Christ.

## Le sang du Christ

Le sang du Christ nous a rachetés et nous a complètement pardonnés de tous nos péchés.

*« en qui nous avons la rédemption par son sang, la rémission des fautes selon les richesses de sa grâce. »*
*Ephésiens 1:7*

Nous sommes nettoyés continuellement de tout péché.

*« Mais si nous marchons dans la lumière, comme lui-même est dans la lumière, nous avons communion les uns avec les autres, et le sang de Jésus Christ son Fils nous purifie de tout péché »*
*1Jean1 : 7.*
Par le sang de Jésus nous sommes justifiés et rendus justes.

« *Beaucoup plutôt donc, ayant été maintenant justifiés par son sang, serons-nous sauvés de la colère par lui.*» Romains *5:9*

Par le sang de Jésus nous sommes sanctifiés, transformés saints et justifiés par Dieu.

« *C'est pourquoi aussi Jésus, afin qu'il sanctifiât le peuple par son propre sang, a souffert hors de la porte.* » Hebreux13:12

Pendant que nous sommes rachetés, pardonnés, purifiés, justifiés et sanctifiés, notre corps devient le temple de Dieu. Par conséquent Satan n'a aucune place en nous et n'a plus de pouvoir sur nous. Nous devrions louer Dieu dans notre corps et renoncer à Satan et à ses puissances (alcool, drogues, tabac, immoralité sexuelle etc.).

« *Ne savez-vous pas que votre corps est le temple du Saint Esprit qui est en vous, et que vous avez de Dieu? Et vous n'êtes pas à vous-mêmes; car vous avez été achetés à prix. Glorifiez donc Dieu dans votre corps.* » 1Corinthiens6:19-20.

Racheté par le sang de Jésus nous sommes ce que dit la parole de Dieu :

- ○ Sauvés
- ○ Purifiés
- ○ Justifiés
- ○ Forts
- ○ Spirituels
- ○ Prospères
- ○ Victorieux
- ○ Vainqueurs
- ○ Plus que des conquérants
- ○ Guéris

Par conséquent nous devrions appliquer le sang de Jésus sur notre haie de protection pour la sanctifier devant Dieu et la rendre impénétrable par Satan et ses démons. Nous devons utiliser notre puissance spirituelle.

Nous, croyants combattons une guerre spirituelle.

Tout ce que nous voyons dans le naturel est le résultat d'une activité spirituelle, que ce soit une victoire ou une défaite. Autan les armées célestes combattent en notre faveur, autant les armées des ténèbres aussi combattent contre nous. Aussi est—il important de savoir comment ces deux mondes sont organisés.

## L'armée céleste

Il est important de savoir qu'il y a 5 cinq divisions d'êtres de lumière dans le ciel.

## 1. Les Séraphins

Les séraphins sont les êtres qui déclarent la gloire de Dieu. Ils ne peuvent pas regarder le visage de Dieu. Ils proclament la gloire de Dieu.

*« L'année de la mort du roi Ozias, je vis le Seigneur assis sur un trône haut et élevé, et les pans de sa robe remplissaient le temple. Des séraphins se tenaient au-dessus de lui; ils avaient chacun six ailes: de deux ils se couvraient la face, et de deux ils se couvraient les pieds, et de deux ils volaient. Et l'un criait à l'autre, et disait: Saint, saint, saint, est l'Éternel des armées; toute la terre est pleine de sa gloire!» Esaïe 6:1-3*

## 2. Les Chérubins

Les chérubins sont des êtres angéliques qui sont toujours associés à la sainteté de Dieu.

Quand Adam a pèche, le chérubin a été posté à l'entrée au jardin d'Éden pour l'empêcher de toucher à l'arbre de vie. Ils représentent la justice et le gouvernement de Dieu.

Ce sont les exécuteurs de la justice et du jugement saint de Dieu. Les Chérubin sont mentionnés parle prophète *Ézéchiel* au chapitre *1:5-10.*

Tout comme les quatre êtres vivants, chacun ayant des visages différents : visage d'homme, de lion, de bœuf, et d'aigle.

« Et je vis, et voici, un vent de tempête venait du nord, une grosse nuée, et un feu qui s'entortillait; et il y avait une splendeur tout autour, et de son milieu, du milieu du feu, brillait comme l'apparence de l'airain luisant; et, du milieu, la ressemblance de quatre animaux; et voici leur aspect: ils avaient la ressemblance d'un homme; et chacun d'eux avait quatre faces, et chacun avait quatre ailes; Et leurs pieds étaient des pieds droits, et la plante de leurs pieds était comme la plante du pied d'un veau; et ils étincelaient comme l'apparence de l'airain poli; et il y avait des mains d'hommes sous leurs ailes sur leurs quatre côtés; et ils avaient, les quatre, leurs faces et leurs ailes; leurs ailes étaient jointes l'une à l'autre; ils ne se tournaient pas quand ils allaient: ils allaient chacun droit devant soi. Et la ressemblance de leurs faces était la face d'un homme; et, les quatre, ils avaient la face d'un lion, à droite; et, les quatre, ils avaient la face d'un bœuf, à gauche; et, les quatre, ils avaient la face d'un aigle; et leurs faces et leurs ailes étaient séparées par le haut: chacun avait deux ailes jointes l'une à l'autre, et deux qui couvraient leur corps. Et ils allaient chacun droit devant soi: là où l'Esprit devait aller, ils allaient; ils ne se tournaient point lorsqu'ils allaient.

Et quant à la ressemblance des animaux, leur aspect était comme des charbons de feu brûlants, comme l'aspect de torches; le feu courait entre les animaux; et le feu avait de l'éclat, et du feu sortaient des éclairs.

Et les animaux couraient et retournaient, comme l'aspect du sillon de l'éclair. Et je regardais les animaux, et voici, une roue sur la terre, à côté des animaux, vers leurs quatre faces.

L'aspect et la structure des roues étaient comme l'apparence d'une chrysolithe; et il y avait une même ressemblance pour les quatre, et leur aspect et leur structure étaient comme si une roue eût été au milieu d'une roue.

En allant, elles allaient sur leurs quatre côtés; elles ne se tournaient point quand elles allaient. Et quant à leurs jantes, elles étaient hautes et terribles, et leurs jantes, à toutes les quatre, étaient pleines d'yeux tout autour.

Et quand les animaux allaient, les roues allaient à côté d'eux; et quand les animaux s'élevaient de dessus la terre, les roues s'élevaient. Là où l'Esprit

*devait aller, là ils allaient, là leur esprit tendait à aller; et les roues s'élevaient*
*auprès d'eux, car l'esprit de l'animal était dans les roues »*
*Ézéchiel 1:4-20*

## Les quatre êtres vivants

Les quatre êtres vivants ou Zoé en Grec sont comme les chérubins et le Séraphins. Ils déclarent et protègent la gloire de Dieu ; ils ont des ailes.

*« Et autour du trône, vingt-quatre trônes, et sur les trônes, vingt-quatre anciens assis, vêtus de vêtements blancs, et sur leurs têtes des couronnes d'or. Et du trône sortent des éclairs et des voix et des tonnerres; et il y a sept lampes de feu, brûlant devant le trône, qui sont les sept Esprits de Dieu; et devant le trône, comme une mer de verre, semblable à du cristal; et au milieu du trône et à l'entour du trône, quatre animaux pleins d'yeux devant et derrière. Et le premier animal est semblable à un lion; et le second animal, semblable à un veau; et le troisième animal a la face comme d'un homme; et le quatrième animal est semblable à un aigle volant. Et les quatre animaux, chacun d'eux ayant six ailes, sont, tout autour et au dedans, pleins d'yeux; et ils ne cessent jour et nuit, disant: Saint, saint, saint, Seigneur, Dieu, Tout-puissant, celui qui était, et qui est, et qui vient. Et quand les animaux rendront gloire et honneur et action de grâces à celui qui est assis sur le trône, à celui qui vit aux siècles des siècles, les vingt-quatre anciens tomberont sur leurs faces devant celui qui est assis sur le trône, et se prosterneront devant celui qui vit aux siècles des siècles; et ils jetteront leurs couronnes devant le trône, disant: Tu es digne, notre Seigneur et notre Dieu, de recevoir la gloire, et l'honneur, et la puissance; car c'est toi qui as créé toutes choses, et c'est à cause de ta volonté qu'elles étaient, et qu'elles furent créées »*
Apocalypse4:5-11

### 3. Les Arc-anges

Les archanges sont les chefs des anges et les anges d'avertissement avec des messages et missions spécifiques pour l'humanité.

« *Et il y eut un combat dans le ciel: Michel et ses anges combattaient contre le dragon. Et le dragon combattait, et ses anges; et il ne fut pas le plus fort, et leur place ne fut plus trouvée dans le ciel. Et le grand dragon fut précipité, le serpent ancien, celui qui est appelé diable et Satan, celui qui séduit la terre habitée tout entière. Il fut précipité sur terre, et ses anges furent précipités avec lui. Et j'entendis une grande voix dans le ciel, disant: Maintenant est venu le salut et la puissance et le royaume de notre Dieu et le pouvoir de son Christ, car l'accusateur de nos frères, qui les accusait devant notre Dieu jour et nuit, a été précipité*»
Apocalypse *12:7-10*

## 4. Les Anges

Les anges sont des êtres supranaturels sans ailes. Ils sont comme les êtres humains. A la différence des démons, les anges ont des corps et sont au service et aux ordres de Dieu.

«*Car il commandera à ses anges à ton sujet, de te garder en toutes tes voies: Ils te porteront sur leurs mains, de peur que tu ne heurte ton pied contre une pierre. Tu marcheras sur le lion et sur l'aspic, tu fouleras le lionceau et le dragon. Parce qu'il a mis son affection sur moi, je le délivrerai; je le mettrai en une haute retraite, parce qu'il a connu mon nom.*»
Psaumes *91:11-14*

## Maintenant qui sont Satan et les démons qui luttent contre nous quotidiennement ?

## 1. Qui est Satan ?

Dieu créa des êtres angéliques avant qu'il eut créé la terre et les trois cieux ; et Lucifer fit partie de ces créatures

« *Où étais-tu quand j'ai fondé la terre? Déclare-le-moi, si tu as de l'intelligence. Qui lui a établi sa mesure, si tu le sais? Ou qui a étendu le cordeau sur elle? Sur quoi ses bases sont-elles assises, ou qui a placé sa pierre*

*angulaire, Quand les étoiles du matin chantaient ensemble, et que tous les fils de Dieu éclataient de joie?»*
*Job 38:4-7[22].*

Dieu donna la terre à un ange très puissant appelé Lucifer, l'étoile du jour, le support léger, sous qui était 1/3 un tiers de l'hôte angélique qui a ensemble régné la terre.

*« Comment es-tu tombé des cieux, astre brillant, fils de l'aurore? Tu es abattu jusqu'à terre, toi qui subjuguais les nations! Et toi, tu as dit dans ton cœur: Je monterai aux cieux, j'élèverai mon trône au-dessus des étoiles de Dieu, et je m'assiérai sur la montagne de l'assignation, au fond du nord. Je monterai sur les hauteurs des nues, je serai semblable au Très-haut. Toutefois, on t'a fait descendre dans le shéol, au fond de la fosse. Ceux qui te voient fixent leurs regards sur toi, ils te considèrent, disant: Est-ce ici l'homme qui a fait trembler la terre, qui ébranlait les royaumes, qui a fait du monde un désert, et qui ruinait ses villes? Ses prisonniers, il ne les renvoyait pas chez eux. »*
*Esaïe 14:12-17*

Lucifer a été créé un ange parfait en beauté, couvert de tout genre de bijoux, c'était un orchestre parlant en marche. Dieu a créé des tambourins et des flutes dans son être. Il était un ange oint. Lucifer était le seul ange avec deux fonctions. Il était Archange avec la fonction de chérubin qui protège la gloire de Dieu. Aucun autre ange n'a été oint sauf Lucifer.

*«Tu as été en Éden, le jardin de Dieu; toutes les pierres précieuses te couvraient, le sardes, la topaze et le diamant, le chrysolithe, l'onyx et le jaspe, le saphir, l'escarboucle et l'émeraude, et l'or; le riche travail de tes tambourins et de tes flûtes était en toi; au jour où tu fus créé ils étaient préparés. Tu étais un chérubin oint, qui couvrait, et je t'avais établi tel; tu étais dans la sainte montagne de Dieu, tu marchais parmi les pierres de feu. Tu fus parfait dans tes voies depuis le jour où tu fus créé, jusqu'à ce que l'iniquité se soit trouvée en toi. Par l'abondance de ton trafic, ton intérieur a été rempli de violence, et tu as péché; et je t'ai précipité de la montagne de Dieu comme une chose profane, et je t'ai détruit du milieu des pierres de feu, ô chérubin qui couvrait! Ton cœur s'est élevé pour ta beauté, tu as corrompu*

*ta sagesse à cause de ta splendeur; je t'ai jeté à terre, je t'ai mis devant les rois, afin qu'ils te voient. Par la multitude de tes iniquités, par l'injustice de ton trafic, tu as profané tes sanctuaires; et j'ai fait sortir un feu du milieu de toi: il t'a dévoré, et je t'ai réduit en cendre sur la terre, aux yeux de tous ceux qui te voient »*
*Ézéchiel 28:13-18.*

La mission de Lucifer était de prendre le message de Dieu et de le porter aux habitants de la terre et aux anges qui ont régné avec lui. Sa mission consistait était de prendre la louange des habitants de la terre et des anges à Dieu. Lucifer était le médiateur entre Dieu et les êtres qui existaient sur terre avant qu'Adam ait été créé.
Toute fois il prit le message d'un dieu à la poursuite de la terre, il l'a corrompu et tordu. Plutôt que de prendre la louange de la terre et des anges à Dieu, il garda pour lui ces louanges ; c'est ce qui s'appelle dans la bible : le « trafic » *Jérémie 4:23*[23] Dès que ceci se produisit, Lucifer fut précipité dans le monde et le monde fut détruit instantanément. Il devint Satan c'est à dire l'accusateur, qui nous accuse jour et nuit devant Dieu.

*« Simon, Simon Satan vous a réclames, pour vous cribler comme le froment. Mais j'ai prie pour toi, afin que ta foi ne défaille point ; et toi quand tu seras revenu, affermis tes frères.»*
Luc22 :31-32

## La destruction de la terre

Dieu en colère et a détruit la terre après la chute de Satan.
Il y avait des villes, des races et des êtres angéliques sur la terre.

*« Voici, le Seigneur dévaste le pays et le rend desserti en bouleverse la face et en disperse les habitants »*
*Esaïe 24:1.*

Les habitants ont été dispersés et la terre a été inondée pour la première fois.

116

« *Il a fondé la terre sur ses bases; elle ne sera point ébranlée, à toujours et à perpétuité. Tu l'avais couverte de l'abîme comme d'un vêtement, les eaux se tenaient au-dessus des montagnes. A ta menace, elles s'enfuirent; à la voix de ton tonnerre, elles se hâtèrent de fuir. Les montagnes s'élevèrent, les vallées s'abaissèrent, au lieu même que tu leur avais établi. Tu leur as mis une limite qu'elles ne dépasseront point; elles ne reviendront pas couvrir la terre. Il a envoyé les sources dans les vallées: elles coulent entre les montagnes; Elles abreuvent toutes les bêtes des champs; les ânes sauvages y étanchent leur soif. Les oiseaux des cieux demeurent auprès d'elles; ils font résonner leur voix d'entre les branches. De ses chambres hautes, il abreuve les montagnes; la terre est rassasiée du fruit de tes œuvres. Il fait germer l'herbe pour le bétail, et les plantes pour le service de l'homme, faisant sortir le pain de la terre, Et le vin qui réjouit le cœur de l'homme, faisant reluire son visage avec l'huile; et avec le pain il soutient le cœur de l'homme. Les arbres de l'Éternel sont rassasiés, les cèdres du Liban, qu'il a plantés, les oiseaux font leurs nids. Les pins sont la demeure de la cigogne. Les hautes montagnes sont pour les bouquetins; les rochers sont le refuge des démons. Il a fait la lune pour les saisons; le soleil connaît son coucher. Tu amènes les ténèbres, et la nuit arrive: alors toutes les bêtes de la forêt sont en mouvement; Les lionceaux rugissent après la proie, et pour demander à Dieu leur nourriture . . . Le soleil se lève: ils se retirent, et se couchent dans leurs tanières. Alors l'homme sort à son ouvrage et à son travail, jusqu'au soir* »
Psaumes 104:5-23.

*Quand Dieu a détruit la terre en raison de la chute de Satan, il a également détruit les cieux.*

« *Il transporte les montagnes, et elles ne savent pas qu'il les renverse dans sa colère; Il remue la terre de sa place, et ses colonnes tremblent; Il parle au soleil, et le soleil ne se lève pas; et sur les étoiles il met son sceau; Seul il étend les cieux et marche sur les hauteurs de la mer; Il fait la grande Ourse, Orion, et les Pléiades, et les chambres du midi; Il fait de grandes choses qu'on ne saurait sonder, et des merveilles à ne pouvoir les compter. Voici, il passe près de moi, et je ne le vois pas; et il passe à côté de moi, et je ne l'aperçois pas. Voici, il ravit; qui l'en détournera? Qui lui dira: Que fais-tu? Dieu ne retire pas sa colère; sous lui fléchissent les orgueilleux qui prêtent secours.* »
Job 9:5-13.

Quand Adam est tombé Dieu est descendu à Éden et à jugement placé et a donné une promesse, la graine de la femme meurtrira votre chef. Quand Dieu a promis le salut des hommes Satan a décidé de le bloquer pour se produire.

*« Et moi, voici, je fais venir le déluge d'eaux sur la terre, pour détruire de dessous les cieux toute chair en laquelle il y a esprit de vie; tout ce qui est sur la terre expirera»*
*Genèse 6:17-18.*

Anges mauvais envoyés par Satan et ont dormi avec des femmes pour polluer l'humanité et bloquer la graine du Messie.

*« Et qu'il a réservé dans des liens éternels, sous l'obscurité, pour le jugement du grand jour, les anges qui n'ont pas gardé leur origine, mais qui ont abandonné leur propre demeure; comme Sodome et Gomorrhe, et les villes d'alentour, s'étant abandonnées à la fornication de la même manière que ceux-là, et étant allées après une autre chair, sont là comme exemple, subissant la peine d'un feu éternel »*
*Jude : 6-7*

Ainsi Dieu envoya l'inondation sur la terre et sauvant la semence du Messie trouvée en Noé. Satan a envahi le deuxième ciel, mais les anges mauvais ont été placés dans une prison appelée *«Tartares »* en Grec. Noé reçu l'ordre après l'inondation de remplir la terre tout comme il avait été ordonné à Adam.

## Le monde des ténèbres au-dessous de nous

Il y a cinq catégories dans le monde des ténèbres au-dessous de nous :

### 1. Shéol ou enfer

L'enfer est un endroit habité par tous les méchants hommes et femmes ; c'est à dire qui a vécu une mauvaise vie sur terre. Quand un méchant meurt, il va directement et soudainement en enfer. » *Car un feu s'est allumé dans ma colère, et il brûlera jusqu'au shéol le plus profond, et dévorera la terre et son rapport, et embrasera les fondements des montagnes» Deutéronome 32:22[24]*.

## 2. Le Paradis

Le mot paradis se trouve à trois différents endroits dans le Nouveau Testament.

D'abord, dans *2Corinthiens 12:3-4*: Paul dit,

« *Et je sais que cet homme, (si ce fut dans son corps je ne sais, Dieu le sait), fut enlève dans le paradis, et qu'il entendit des paroles merveilleuses qu'il n'est pas permis a un homme d'exprimer*»

Ainsi le paradis est la demeure merveilleuse de Dieu où il y a des choses trouvées préparées par Dieu pour ceux qui l'aiment, qui sont tout à fait indescriptibles

« *. . . mais selon qu'il est écrit: l'œil n'a pas vu, et l'oreille n'a pas entendu, et ni monté au cœur de l'homme, ce que Dieu a préparé pour ceux qui l'aiment* »
1Corinthiens 2:9.

Le deuxième endroit où l'on retrouve le mot paradis c'était quand Jésus s'adressa au brigand repentant sur la croix

« *En vérité en vérité je vous le dis, aujourd'hui vous serez avec moi au paradis.* »
Luc 23:43.

*Et Jésus lui dit: En vérité, je te dis: Aujourd'hui tu seras avec moi dans le paradis.* Certains érudits de la bible croient que Jésus à vidé le paradis après sa résurrection et se basent sur le verset suivant:

*« Et les sépulcres s'ouvrirent; et beaucoup de corps des saints endormis ressuscitèrent, étant sortis des sépulcres après sa résurrection, ils entrèrent dans la sainte ville, et apparurent à plusieurs.»*
Mathieu 27:52-53

Et les tombes ont été ouvertes ; et beaucoup de corps des saints qui ont dormi, ont surgi, et sont sortis de la tombe après sa résurrection, et sont entrés dans la ville sainte et sont apparus à beaucoup.

Le troisième endroit où l'on trouve le mot paradis dans la bible est dans

*« Que celui qui a des oreilles écoute ce que l'Esprit dit aux assemblées. A celui qui vaincra, je lui donnerai de manger de l'arbre de vie qui est dans le paradis de Dieu »* Apocalypse. 2:7

Ici Jésus dit à l'église d'Éphèse,

*« A celui qui vaincra je donnerai a manger de l'arbre de vie, qui est dans le paradis de Dieu. »*

Et si nous regardons la fin du livre de la révélation nous constatons que l'arbre de la vie est dans la ville merveilleuse de Dieu.
Dans *Apocalypse 22:1 « Et il me montra un fleuve d'eau vive, éclatant comme du cristal, sortant du trône de Dieu et de l'Agneau. ».*

L'apôtre Jean dit :

*« . . . alors il m'a montré le fleuve de l'eau de la vie, lumineuse comme cristal, découlant du trône de Dieu et de l'agneau par le milieu de la rue de la ville ; aussi, de chaque côté du fleuve, l'arbre de la vie avec ses douze genres de fruit, donnant son fruit chaque mois ; et les feuilles de l'arbre étaient pour la guérison des nations. »*

## 3. L'Abîme (Tartarus)

C'est l'habitation des anges méchants.

*« Car, si Dieu n'a pas épargné les anges qui ont péché, mais, les ayant précipités dans l'abîme, les a livrés pour être gardés dans des chaînes d'obscurité pour le jugement »*
*2 Pierre 2:4.*

En Français les deux mots sont traduits par abîme alors qu'en Grec ils désignent deux endroits différents.
C'est l'habitation de tous les démons. Cet endroit a été créé quand Lucifer est tombé. L'abime existait déjà avant qu'Adam ait été créé.

*« Et ils le priaient pour qu'il ne leur commandât pas de s'en aller dans l'abîme.» Luc 8 :31*

## 2. La Géhenne ou l'étang de feu

Quand Dieu créa la nouvelle terre la Géhenne n'a pas été détruite. Tous autres mondes (enfer, paradis, tartarus et l'abime) ont été jetés dans la Géhenne.

*« Et ils sortiront, et verront les cadavres des hommes qui se sont rebellés contre moi; car leur ver ne mourra pas, et leur feu ne s'éteindra pas, et ils seront en horreur à toute chair.» Esaie66:24.*

Plus explicitement Mathieu 25:41

*« Alors il dira aussi à ceux qui seront à sa gauche: Allez-vous-en loin de moi, maudits, dans le feu éternel qui est préparé pour le diable et ses anges' « Ne craignez pas ceux qui tuent le corps et qui ne peuvent tuer l'âme ; mais craignez plutôt celui qui peut faire périr l'âme et le corps dans la géhenne. »*
Mathieu10:28

# Qui sont-ils les démons ?

Les démons sont une race d'êtres qui ont existé avant qu'Adam ait été créé et qui ont été corrompus par Satan. Dieu les appelle la postérité du serpent.

« *Je mettrai l'inimitié entre toi et la femme, entre ta postérité et sa postérité* ; » *Genèse 3 :15*

Ce ne sont pas des anges, ils n'ont pas de formes humaines. Les anges sont limités au ciel et les démons sont limités à la terre. Les démons n'ont pas de corps, ils cherchent à rentrer dans des corps, mais les anges ont des corps. Les démons sont d'un nombre impressionnant dans des millions de milliards sur terre. C'est ainsi qu'on peut trouver des centaines de démons dans un seul individu.

« *Jésus lui demanda : quel est ton nom ? Légion, répondit-il. Car plusieurs démons étaient entres en lui.* »
*Luc 8 :30*

## Le monde démoniaque

La bible parle aussi bien dans le Nouveau Testament que dans l'ancien, d'esprits démoniaques considérés comme des esprits forts ou de chefs spirituels régnant au-dessus d'autres esprits et régissant toute l'activité démoniaque. Nous étudierons douze qui sont fréquemment mentionnés dans la bible. L'apôtre Paul dit dans *Ephesiens6:12*

« *Car nous luttons pas contre la chair et le sang, mais contre des principautés, contre des puissances, contre les règles de l'obscurité de ce monde, contre la méchanceté spirituelle dans les endroits élevés.*»

Il nous est recommandé alors de mettre toute l'armure de Dieu. Comment pouvons-nous lutter contre des ennemis que nous ne pouvons pas identifier ? Si nous arrivons à les identifier non seulement nous pourrons les éviter mais aussi mieux les cibler.

## 1. L'esprit de jalousie

Cet esprit est responsable des esprits de: Meurtre, vengeance, concurrence, représailles, colère, fureur et de suspicion.

« Et *l'Éternel parla à Moïse, disant: Parle aux fils d'Israël, et dis-leur: Si la femme de quelqu'un se détourne et lui devient infidèle, et qu'un homme couche avec elle, ayant commerce avec elle, et que cela soit caché aux yeux de son mari, et qu'elle se soit rendue impure en secret, et qu'il n'y ait pas de témoin contre elle, et qu'elle n'ait pas été surprise; et que l'esprit de jalousie vienne sur lui et qu'il soit jaloux de sa femme, et qu'elle se soit rendue impure; ou si l'esprit de jalousie vient sur lui et qu'il soit jaloux de sa femme, et qu'elle ne se soit pas rendue impure;* "Nombres 5:11-14 « *car dans l'homme, la jalousie est une fureur, et il n'épargnera pas au jour de la vengeance; il n'acceptera aucune propitiation, et ne se tiendra pas pour satisfait, quand tu multiplierais les présents.*»
Proverbes 6:34-35

## 2. L'esprit de mensonge

Cet esprit est derrière tous les esprits religieux, de fausses langues, de toutes actions qui au prime abord vous feront penser qu'elles viennent de Dieu ; l'obstination.

« *Et dans les prophètes de Jérusalem j'ai vu des choses horribles, commettre adultère et marcher dans le mensonge; ils fortifient les mains de ceux qui font le mal, en sorte qu'aucun ne revienne de son iniquité; ils me sont tous comme Sodome, et ses habitan*t*s, comme Gomorrhe.*

*C'est pourquoi, ainsi dit l'Éternel des armées quant aux prophètes: Voici, je leur fais manger de l'absinthe et leur fais boire de l'eau de fiel; car c'est des prophètes de Jérusalem que l'impiété s'est répandue par tout le pays. Ainsi dit l'Éternel des armées: N'écoutez pas les paroles des prophètes qui vous prophétisent; ils vous entraînent à des choses vaines, ils disent la vision de leur cœur, non celle qui sort de la bouche de l'Éternel* »
*Jeremie23:14-16.*

Une personne, sous l'emprise de cet esprit se présentera comme pieuse et juste. Ces mêmes personnes s'adonnent très rapidement à la divination. Les esprits de mensonge animent les faux prophètes.

*« Et Maintenant, voici, l'Eternel a mis un esprit de mensonge dans la bouche de tous tes prophètes qui sont la. Et l'Eternel a prononce du mal contre toi. »*
1 Rois 22:23

*« car il n'y aura plus aucune vision vaine, ni divination flatteuse, au milieu de la maison d'Israël.»*
Ezéchiel12 : 24

## 3. Esprit familier

L'esprit familier est mentionné à de nombreux endroits dans l'Ancien Testament. [25] Il se caractérise par un rapport entre l'homme et le démon, dans lequel un démon s'identifie avec une personne familière. Cet esprit est également trouvé dans le Nouveau Testament. [26]: Les esprits familiers sont des démons qui emploient des personnes pour propager des mensonges et la duperie. On les retrouve dans la voyance ou la sorcellerie, l'interprétation des présages, dans la sorcellerie, ou médiums ou clairvoyants, ou dans la nécromancie. Ils sont également trouvés dans la divination, la méditation transcendantale, les drogues, et l'alcool. Bref ces démons sont trouvés dans l'occultisme et l'astrologie.

*« Et Saül dit à ses serviteurs: Cherchez-moi une femme qui évoque les esprits, et j'irai vers elle, et je la consulterai. Et ses serviteurs lui dirent: Voici, il y a à En-Dor une femme qui évoque les esprits.»*
1Samuel 28:7[27]

*« Il ne se trouvera au milieu de toi personne qui fasse passer par le feu son fils ou sa fille, ni devin qui se mêle de divination, ni pronostiqueur, ni enchanteur, ni magicien, ni sorcier, ni personne qui consulte les esprits, ni diseur de bonne aventure, ni personne qui interroge les morts; car quiconque fait ces choses est en abomination à l'Éternel; et à cause de ces abominations, l'Éternel, ton Dieu, les dépossède devant toi »*
Deuteronome18 : 10-12

## 4. Esprit de perversité

Sous cet esprit se trouve la convoitise, la fornication, et l'immoralité.

"*Tes yeux se porteront sur des étrangères, Et ton cœur parlera d'une manière perverse. »*
*Proverbes 23:33*

Les gens sous l'effet de cet esprit de haine induiront les gens autour d'eux sciemment en erreur, n'accepteront jamais la vérité de la parole de Dieu.
Les personnes sous cet esprit fort, vivent dans le mensonge, la fornication, l'homosexualité, le lesbianisme.
Ils tordent la parole de Dieu pour l'adapter à leur style de vie.

*« L'Éternel à versé au milieu d'elle un esprit de perversité; et ils ont fait errer l'Égypte dans tout ce qu'elle fait, comme chancelle dans son vomissement celui qui est ivre»*
*Esaie19:14.*

Cet esprit est un démon très fort et doit être traité avec beaucoup de précaution, ou seulement quand la présence de Jésus est manifestée et réelle. Ce démon ne peut être chassé que quand la présence de Jésus est vraie et tangible. [28]

## 5. Esprit de prostitution

Les personnes sous l'emprise de cet esprit sont sujettes à la prostitution, à toutes sortes d'idolâtrie et à certain penchant comme à des programmes spécifiques de télévision.
*« Mon peuple consulte son bois. Et c'est son bâton qui parle. Car l'esprit de prostitution égare, Et ils se prostituent loin de leur Dieu»*
*Osée 4:12.*

L'esprit de prostitution se manifeste par la prostitution, l'idolâtrie, l'amour du monde, l'amour de l'argent, l'amour de la nourriture, l'amour du corps, L'amour de la position sociale et de l'injustice. L'esprit de prostitution se manifeste dans des objets de culte. Les personnes sous cet esprit évalueront leur image et c'est celle-ci la plus importante pour elles. Ces personnes sont infidèles, vénèrent excessivement des objets de culte ; elles sont aussi adultères. Elles ont la convoitise, l'immoralité sexuelle. L'immoralité sexuelle devient une idole dans leur vie.
La fornication et l'adultère deviennent un trait de leur caractère.

*« Quand le Seigneur aura nettoyé la saleté des filles de Sion, et aura lavé le sang de Jérusalem du milieu d'elle, par l'esprit de jugement et par l'esprit de consomption.»*
*Esaïe 4:4*

L'esprit de la prostitution nous fait dévier du plan ou du but de Dieu. Quelque soient vos efforts naturels cherchant à le corriger, vous viendrez à la conclusion que vous ne le changerez jamais. Nous ne pourrons surmonter cet esprit qu'en plaçant notre esprit sur les choses d'en haut en recherchant avant tout le royaume de Dieu.
Nous devons crucifier les désirs de la chair et les remplacer par les fruits de l'esprit. Laissons notre esprit être rempli de chasteté, d'amour, de fidélité, de droiture, d'honneur, de courage, d'humilité, de modération et de sagesse.

## 6. Esprit de lourdeur.

Le poids est généralement utilisé comme mesure de; pondération ; de pesanteur et pour qualifier tout ce qui est lourd ; comme le poids d'un corps. Il est employé dans la bible pour exprimer : la tristesse, la douleur, la faiblesse et la dépression spirituelle.

*« Poids au cœur de l'homme qu'il se penchent »*. *Proverbes.12.*

Cet esprit est caractérisé par la lenteur, l'étourderie, le manque de maturité d'esprit, la langueur et la lassitude, le poids, le fardeau, l'oppression. Les gens sous la domination de cet esprit ne peuvent pas perdre du poids. Ils Peinent. Ils sont remplis de désespoir et se sentent rejetés.

Ils sont envahis de dépression émotionnelle, de complexe d'infériorité, et de gloutonnement.

*« Pour accorder aux affligés de Sion un diadème au lieu de la cendre. Une huile de joie au lieu du deuil, un vêtement de louange au lieu d'un esprit abattu. Afin qu'on les appelle des térébinthes de la justice. Une plantation de l'Eternel, pour servir a sa gloire »*
*Esaie61: 3*

## 7.  Esprit d'infirmité

Dieu a clairement dit dans Exode15:26

*« . . . Je suis l'Eternel Dieu qui vous guérit ».*

En tant qu'élément de la grande commission le Seigneur Jésus nous a recommandé de guérir les malades.
Lui-même pendant son séjour terrestre passa beaucoup de temps à guérir les malades. Ce qui démontre à suffisance que la maladie ne provient pas de Dieu. Ainsi, si la maladie n'est pas de Dieu, évidemment il doit être du diable.
Le diable est responsable de toutes nos infirmités et nos maladies. Et nous nous empressons de blâmer Dieu pour toutes nos maladies et infirmité.

*« Et voici, il y avait là une femme ayant un esprit d'infirmité depuis dix-huit ans, et elle était courbée et ne pouvait nullement se redresser. Et Jésus, la voyant, l'appela et lui dit: Femme, tu es délivrée de ton infirmité.»*
*Luc 13:11-12*

## 8. Esprit de surdité et de mutisme

Cet esprit est responsable de l'épilepsie, de l'anorexie, du suicide, et de la folie.

« *Et quand ils furent venus auprès de la foule, un homme s'approcha de lui, se jetant à genoux devant lui, et disant: Seigneur, aie pitié de mon fils, car il est lunatique et souffre cruellement, car souvent il tombe dans le feu, et souvent dans l'eau; et je l'ai apporté à tes disciples, et ils n'ont pu le guérir* »

Et Jésus, répondant, dit:

« *O générations incrédule et perverse, jusques à quand serai-je avec vous; jusques à quand vous supporterai-je.* » Mathieu 17:14-17.

« *Et quelqu'un de la foule lui répondit: Maître, je t'ai amené mon fils qui a un esprit muet, et, partout où il le saisit, il l'agite violemment; et il écume, et grince des dents, et il devient sec; et j'ai dit à tes disciples de le chasser, et ils n'ont pas pu. Et lui, leur répondant, dit: O générations incrédule, jusques à quand serai-je avec vous? Jusques à quand vous supporterai-je? Amenez-le-moi. Et ils le lui amenèrent; et quand il l'eut vu, aussitôt l'esprit le déchira; et l'enfant, tombant à terre, se roulait en écumant. Et Jésus demanda au père de l'enfant: Combien y a-t-il de temps que ceci lui est arrivé? Et il dit: Dès son enfance; et souvent il l'a jeté dans le feu et dans les eaux pour le faire périr; mais si tu peux quelque chose, assiste-nous, étant ému de compassion envers nous. Et Jésus lui dit: Le Si tu peux, c'est: Crois! Toutes choses sont possibles à celui qui croit. Et aussitôt le père de l'enfant, s'écriant, dit avec larmes: Je crois, viens-en aide à mon incrédulité. Et Jésus, voyant que la foule accourait ensemble, tança l'esprit immonde, lui disant: Esprit muet et sourd, je te commande, moi, sors de lui et n'y rentre plus.* »
Marc 9:17-25

## 9. Esprit de crainte

La bible mentionne deux types spécifiques de crainte.

a) Le premier type de crainte, est salutaire et doit être encouragé. C'est la crainte du Seigneur. Ce type de crainte ne signifie pas nécessairement avoir peur de quelque chose. Plutôt, c'est une crainte révérencielle de Dieu ; une vénération pour sa puissance et sa gloire. Cependant, c'est également un respect approprié pour sa colère. En d'autres termes, la crainte du Seigneur est une reconnaissance totale de tout ce que Dieu est, le connaissant dans tous ses attributs. La crainte du Seigneur apporte avec elle beaucoup de bénédictions et avantages. C'est le commencement de la sagesse et mène à la bonne conduite [29]. La crainte du Seigneur mène à la vie, au repos, à la paix, et au contentement. C'est la fontaine de vie et nous fournit la sécurité et la sûreté. [30]

b) Le deuxième type de crainte est un détriment et doit être surmonté. Parfois nous avons peur, et cet « esprit de crainte » nous surmonte. De Genèse à l'Apocalypse, Dieu nous demande de ne pas avoir peur. *Dieu* nous encourage :

*« Ne crains rien, car je suis avec toi ; Ne promène pas des regards inquiets, car je suis ton Dieu ; Je te fortifie, je viens à ton secours, Je te soutiens de ma droite triomphante.»*
*Esaïe 41:10*

Autant craindre Dieu devrait être encouragé, autant il y a un type de crainte mentionné dans la bible qui n'est pas salutaire du tout.

C'est l'esprit de crainte» mentionnée dans *2 Timothée 1:7*:

« *Car Dieu ne nous a pas donné un esprit de crainte, mais de puissance, et d'amour, et de conseil.*».

Ainsi la crainte, l'inquiétude, le supplice, la terreur, le souci, le complexe d'infériorité, toute les sortes de phobies, la crainte du vide, la crainte de l'obscurité, la crainte des dangers, les cauchemars et le tremblement ne viennent pas de Dieu, mais sont ainsi mauvais.

« *La frayeur vint sur moi, et le frisson, et elle fit trembler la multitude de mes os* »
*Job 4:14.*

Souvent nous craignons le futur et ce qui adviendra de nous. Mais Jésus nous rappelle que si Dieu prend soin des oiseaux du ciel, combien de fois ne pourvoirait-il pas pour ses enfants?

« *Ne craignez donc point : vous valez plus que beaucoup de passereaux* »
Mathieu10:31.

Par ces quelques versets nous voyons la différence entre ces deux formes de peur ou de crainte.
Dieu nous dit de ne pas avoir peur d'être seul, d'être trop faible, de ne pas être compris, et de manquer des nécessités de la vie. Ces recommandations continuent dans toute la bible, couvrant différents aspects de l' « esprit de la crainte.

*Psaumes 56:11 dit* : « *En Dieu j'ai mis ma confiance que je n'aurai pas peur, que peut me faire un homme ?* »

C'est un témoignage impressionnant de la puissance de Dieu et de la confiance en Dieu. Indépendamment de ce qui se produit, nous devons faire confiance en Dieu. Cette confiance est basée sur la Toute Puissance de Dieu. La clef pour surmonter la crainte, alors, c'est d'avoir une confiance totale et complète en Dieu.

La confiance de Dieu est un refus de céder à la crainte. C'est se tourner vers Dieu même dans les temps les plus difficiles et garder confiance qu'il a le pouvoir de transformer nos situations les plus désespérées.

Cette confiance nous vient de la connaissance de Dieu et de son pouvoir incommensurable. Comme il est dit dans le livre de Job :

*« Quand même il me tuerait, je ne cesserais d'espérer en lui ; Mais devant lui je défendrai ma conduite.»*
Job *13*:15.

Tout comme la foi est «. *l'assurance des choses qu'on espère, et la conviction de celles qu'on ne voit pas. Car c'est par elle que les anciens ont reçu témoignage.»* Hébreux 11:*1*.

A contrario, la peur est une fausse évidence apparaissant réelle. Cet esprit vient pour détruire notre foi mais une fois que nous avons appris à mettre notre confiance en Dieu, nous ne devons plus avoir peur des choses qui nous arrivent et d'aucune de nos circonstances.

## 10.   Esprit de servitude

La Servitude est l'état de soumission à un ordre externe.

La bible nous recommande de ne nous soumettre à aucun esprit que celui de Dieu.

L'esprit de servitude domine les personnes vivant selon «la chair ». Les péchés de la chair, ont comme conséquence la mort. S'il y a la mort, il y a la crainte. S'il y a crainte, Satan tire profit d'elle afin d'essayer de commander la personne. Ceci devient un cycle infernal de chair, de péché, de mort et d'influence de Satan.

Les chrétiens nés de nouveau sont libérés de ce cycle terrible de crainte, mort et domination de Satan par la foi en Jésus Christ. En conséquence, nous sommes sauvés de cet esprit car nous sommes désormais une nouvelle créature et sommes devenus des enfants de Dieu. Nous ne sommes plus sous les ordres de l'esprit de servitude.

L'esprit de servitude ne commande que les personnes qui vivent selon la chair.

Beaucoup de mauvaises choses comme L'amertume, les drogues, les substances narcotiques, le tabagisme, l'alcool, etc. sont causées et commandées par l'esprit de servitude, mais toujours comme maître dirigeant un domestique.

En tant que chrétiens nous sommes des serviteurs de notre seigneur Jésus Christ. Il est notre maître, il est notre roi. En servant Christ, nous prenons part à la droiture de notre Dieu.

En conséquence, nous sommes des fils de Dieu. Puisque nous sommes des fils, nous ne sommes pas sous la direction de l'esprit de servitude. Nous sommes toujours, cependant, sous la direction de notre Seigneur Jésus-Christ et ses serviteurs. Car Jésus fait toujours la volonté de son père, nous sommes essentiellement, des serviteurs de Dieu également.

*« Car vous n'avez pas reçu un esprit de servitude pour être derechef dans la crainte, mais vous avez reçu l'Esprit d'adoption, par lequel nous crions: Abba, Père!*

*L'Esprit lui-même rend témoignage avec notre esprit, que nous sommes enfants de Dieu; et si nous sommes enfants, nous sommes aussi héritiers; héritiers de Dieu, cohéritiers de Christ; si du moins nous souffrons avec lui, afin que nous soyons aussi glorifiés avec lui »*
Romains 8:15-17.

Les chrétiens nés de nouveau sont de ce fait fils de Dieu en raison de l'esprit du Christ demeurant désormais dans leurs cœurs. En conséquence, une personne remplie d'esprit du Christ et n'est donc plus un domestique un serviteur, mais fils ou fille de Dieu Très Haut.

En tant qu'enfants de Dieu, ces personnes reçoivent la transformation de Dieu par Christ. Les enfants sous la servitude n'héritent pas des mêmes avantages que les enfants qui sont sous la servitude. Ils n'héritent pas des mêmes bénéfices que les enfants qui sont libres et à qui Dieu a donné l'esprit d'adoption. Dès qu'une personne nait de nouveau, il lui est donné l'esprit d'adoption, et ne peut plus être sous la domination de l'esprit de la servitude. N'importe qui à l'esprit de la servitude n'est pas digne d'être appelé fils ou fille de Dieu. Nous tombons sous la domination de l'esprit de servitude quand nous n'identifions pas notre affiliation dans le corps de Jésus-Christ.

## 11.  Esprit de fierté

*Derrière l'esprit de fierté se trouvent : le commérage, l'obstination, les controverses, les guerres, la colère, l'arrogance, la commande, et le pharisaïsme.*

« L'orgueil va devant la ruine, et l'esprit hautain devant la chute. » Proverbes16:18.

Lucifer était un ange de lumière.
Il était profondément aimé par Dieu. Il a commis la plus grande transgression quand il est devenu fier de sa beauté et de sa forme et a estimé qu'il était semblable à Dieu.
En conséquence, il est tombé du ciel, et sera jeté en enfer. Les chrétiens nés de nouveau devraient éviter de tomber sous le coup de cet esprit de fierté, de peur qu'ils ne souffrent la même punition que Lucifer.
Un esprit hautain est le résultat d'un esprit de fierté.
Esprit hautain et fierté sont synonymes en ce sens qu'ils vous rendent dédaigneusement fiers, snobes, et arrogants. Dieu déteste l'esprit de fierté, parce que l'esprit de fierté tue notre capacité d'obéir la parole de Dieu, et nous empêche de suivre son plan de vie pour nous. La fierté est anti-Dieu. C'est cet esprit même qui a changé Lucifer en diable.
Il nous éloigne de Dieu et nous oblige à chercher notre satisfaction dans un individu. Une des plus grandes tragédies de l'esprit de fierté est l'aveuglement, parce que celui qui est emprisonné par cet esprit ne peut pas voir ce qu'il est vraiment. L'esprit de fierté indique qu'il n'est plus lui-même. Notre avis sur nous-mêmes nécessite que nous soyons en accord avec la façon dont Dieu nous regarde. Notre avis sur d'autres

doit être en conformité avec la vue de Dieu des autres. L'esprit de fierté commence et se développe par sa racine : l'amertume au cœur.

Il provient souvent du pharisaïsme et nous rend sages à nos propres yeux.

La fierté est basée sur des faussetés et nous empêche de voir le mal en nous-mêmes. Toute autre personne a tort sauf nous. Le fier pense qu'il est la norme à la laquelle toute personne doit parvenir. C'est un amour-propre gonflé à l'excès. C'est agir avec arrogance et c'est surtout le culte excessif de soi. L'esprit de fierté débouche sur l'avarice et l'individu pense qu'il n'en a pas assez.

Il cède à l'envie quand l'individu pense que les autres sont moins dignes de recevoir l'honneur qu'il mérite.

Un tel individu cède facilement à l'irritation quand l'individu est offensé. Il s'introverti et devient critique quand l'individu s'estime blessé. L'esprit de fierté cède au ressentiment quand l'individu se sent menacé. Il favorise l'auto approvisionnement quand l'individu pense que Dieu n'honore pas nos vies et pense que l'obéissance à la parole et au plan de Dieu est excessive. Le fier adopte une attitude pécheresse et ne prête plus aucune attention normale à son foyer mais son attention focalise sur son propre individu et détruit ainsi les fruits de l'esprit dans sa vie. [31] C'est l'opposé de l'amour. C'est la recherche de l'intérêt personnel, alors que l'amour est la recherche désintéressée du bien des autres.

## 1. Esprit d'anti-christ

Les gens sous l'influence de cet esprit nieront Jésus comme Messie et Fils de Dieu. Ils nieront aussi sa naissance d'une Vierge, sa résurrection, et qu'il est Dieu venu en chair, et qu'il est mort sur la croix. Ils nieront la Seigneurie de Jésus *Christ*.

*« Enfants, c'est la dernière heure; et comme vous avez entendu que l'antéchrist vient, maintenant aussi il y a plusieurs anti christs, par quoi nous savons que c'est la dernière heure: ils sont sortis du milieu de nous, mais ils n'étaient pas des nôtres; car s'ils eussent été des nôtres, ils fussent demeurés*

*avec nous; mais c'est afin qu'ils fussent manifestés comme n'étant aucun d'eux des nôtres. Et vous, vous avez l'onction de la part du Saint et vous connaissez toutes choses. Je ne vous ai pas écrit parce que vous ne connaissez pas la vérité, mais parce que vous la connaissez et qu'aucun mensonge ne vient de la vérité. Qui est le menteur, sinon celui qui nie que Jésus est le Christ? Celui-là est l'anti christ, qui nie le Père et le Fils »*
1 Jean 2:18-22

## Quelle est notre arme contre ces esprits ?

L'arme la plus forte contre les démons est l'intercession c'est-à-dire la Prière de combat. Satan n'a aucune arme contre elle. L'intercession est une prière de combat.

C'est comme une armée de soldats marchant sur leurs genoux.

*« Éternel! Conteste contre ceux qui contestent contre moi; fais la guerre à ceux qui me font la guerre. Saisis l'écu et le bouclier, et lève-toi à mon secours. Tire la lance, et barre le chemin au-devant de ceux qui me poursuivent! Dis à mon âme: Je suis ton salut! Que ceux qui cherchent ma vie soient honteux et confus; que ceux qui complotent mon malheur se retirent en arrière et soient confondus. Qu'ils soient comme la balle devant le vent, et que l'ange de l'Eternel les chasse! Que leur chemin soit ténèbres et lieux glissants, et que l'ange de l'Éternel les poursuive »*
Psaumes35 : 1-6.

La plupart des problèmes dans le monde ne sont pas physiques. Ils sont le fruit d'activité démoniaque. C'est par l'intercession que nous lions les mauvais esprits et que nous délions les bénédictions divines. Nous devons le faire par la parole de Dieu car seule la parole de Dieu est seule à en avoir l'efficacité nécessaire. L'intercession met les anges en action. Elle active les
« centres nerveux » du ciel. L'intercession touche le ciel pour attaquer l'enfer.

*« Et s'ils ne se réveilleront pas du piège du diable, par qui ils ont été pris, pour faire sa volonté. »*
*2Timothée2:26*

*« Et si aussi notre évangile est voilé, il est voilé en ceux qui périssent, en lesquels le dieu de ce siècle a aveuglé les pensées des incrédules, pour que la lumière de l'évangile de la gloire du Christ qui est l'image de Dieu, ne resplendît pas pour eux »*
2 Corinthiens 4:3-4

Par l'intercession nous parlons aux obstacles et nous les détruisons. L'intercession est une prière de combat sans merci ; elle doit absolument persistante.

A ce sujet la parole de Dieu est claire. Quand nous intercédons, nous obtenons la protection.

Et l'Eternel lui dit *:*

*« Passe par le milieu de la ville, par le milieu de Jérusalem, et marque [la lettre] Thau sur les fronts des hommes qui gémissent et qui soupirent à cause de toutes les abominations qui se commettent au dedans d'elle. Et il dit aux autres, moi l'entendant : passez par la ville après lui, et frappez; que votre œil n'épargne [personne], et n'ayez point de compassion. Tuez tout, les vieillards, les jeunes gens, les vierges, les petits enfants, et les femmes; mais n'approchez point d'aucun de ceux sur lesquels sera [la lettre] Thau, et commencez par mon Sanctuaire. Ils commencèrent donc par les vieillards qui [étaient] devant la maison »*
*Ézéchiel 9:4-6*

Quand nous intercédons, la destruction de l'ennemi est à notre portée.

L'intercession est la forme la plus parfaite de prière.

*« Et j'ai cherché quelqu'un d'entre eux qui refît la cloison, et qui se tînt à la brèche devant moi pour le pays, afin que je ne le détruisisse point; mais je n'en ai point trouvé. C'est pourquoi je répandrai sur eux mon indignation,*

136

*et je les consumerai par le feu de ma fureur; je ferai tomber la peine de leur train sur leur tête, dit le Seigneur l'Eternel.».*
*Ezéchiel2:30-31.*

Quand nous intercédons, l'Esprit Saint intervient, et Les démons s'enfuient. Ne faites jamais face aux démons sans d'abord prier. C'est seulement après la prière que vous pouvez vous engager dans la bataille. En chassant les démons, attaquez l'esprit fort, ne vous limitez pas simplement aux causes. Chassez par exemple l'esprit fort derrière le Cancer ou toute autre maladie.
En attaquant l'esprit fort derrière chaque cause, vous êtes un guerrier si puissant, que le diable aura des ennuis à chaque fois que vous êtes présent sur un champ de bataille spirituel.

# CHAPITRE XIV

## Connaissez-vous votre pouvoir de chrétiens nés de nouveau ?

Quand Jésus Christ quittait cette terre ; Il a donné à ses disciples une instruction aussi appelé grande commission :

*« Et Jésus, s'approchant, leur parla, disant: Toute autorité m'a été donnée dans le ciel et sur la terre. Allez donc, et faites disciples toutes les nations, les baptisant pour le nom du Père et du Fils et du Saint Esprit, leur enseignant à garder toutes les choses que je vous ai commandées. Et voici, moi je suis avec vous tous les jours, jusqu'à la consommation du siècle.»*
Mathieu 28:18-20.

Tandis que quelques chrétiens attendent toujours un temps plus approprié et plus commode pour obéir à cette commande, le diable a déjà donné cette instruction à ses agents. La différence est que les agents du diable sont plus sérieux dans le gain des âmes de que les chrétiens.

La bible indique dans *Éphésiens 6:10-12*

*« Au reste, mes frères, fortifiez-vous dans le Seigneur et dans la puissance de sa force; revêtez-vous de l'armure complète de Dieu, afin que vous puissiez tenir ferme contre les artifices du diable: car notre lutte n'est pas contre le*

*sang et la chair, mais contre les principautés, contre les autorités, contre les dominateurs de ces ténèbres, contre la puissance spirituelle de méchanceté qui est dans les lieux célestes».*

Ceci est une vérité tangible en Afrique aujourd'hui. Nous entendons quotidiennement dans les témoignages que les forces des ténèbres sont déterminées à combattre les chrétiens. Elles semblent déterminées à les combattre en causant des maladies, la stérilité, les entraînant à l'assoupissement dans l'église, entraînant la confusion dans l'église, les rendant ignorantes par rapport à la parole de Dieu. Souvent elles les combattent physiquement.

Nous, chrétiens devrions réaliser et employer la puissance et l'autorité Dieu que nous confère le salut, pour gérer les affaires des nations. Seuls les chrétiens peuvent sauver nos nations. Il y a la puissance dans la confession dans la parole de Dieu, selon ses promesses et il s'empressera de les réaliser. Il y a trois confessions indiquées dans la parole de Dieu : La Confession de la Seigneurie du Christ, notre confession de foi dans la parole c'est à dire, en Christ et en Dieu le Père et la confession du péché.

## Nos armes spirituelles se trouvent en Jésus.

*« Le nom de l'Éternel est une forte tour; le juste y court et s'y trouve en une haute retraite»*
Proverbes 18:10.

Le sang de Jésus : le nom de Jésus et plus spécifiquement le sang de Jésus déclaré de la bouche du croyant envoie le feu dans le camp de l'ennemi, de même que la parole de Dieu et nos louanges. Le Seigneur Jésus-Christ nous a donné toute puissance et autorité sur les forces des ténèbres. Et nous pouvons les exercer par la foi.

*« Comme sa divine puissance nous a donné tout ce qui regarde la vie et la piété, par la connaissance de celui qui nous a appelés par la gloire et par la vertu»*
*2Pierre1:3.*

Dieu n'a jamais prévu que les circonstances devraient commander ses enfants, plutôt que la parole de Dieu dans la bouche du chrétien devrait commander ses circonstances. Dieu dit dans *Jérémie 23:29*

*« Ma parole n'est-elle pas comme un feu, dit l'Éternel, et comme un marteau qui brise le roc?».*

Les chrétiens devraient se rendre compte que quand le nom de Jésus est prononcé, ce qui sort de leur bouche est du feu. Quand un chrétien se tient sur l'autorité donnée par le Christ et donne une instruction au nom de Jésus, le feu sort de sa bouche et quelques soit le démon commandant les circonstances, il doit obéir. Jésus est aujourd'hui vivant pour appuyer chacune de ses paroles pour qu'elle s'accomplisse.

Je voudrais mettre l'accent sur un fait important que nous chrétiens négligeons et qui est employé par Satan.

Après que Pierre ait attiré l'attention de Jésus sur le figuier maudit sec, le Seigneur lui dit :

*« . . . En vérité, je vous dis: Si vous avez la foi et que vous ne doutiez pas, non-seulement vous ferez ce qui a été fait au figuier, mais si même vous disiez à cette montagne: Ôte-toi et jette-toi dans la mer, cela se ferait.*

*Et quoi que vous demandiez en priant, si vous croyez, vous le recevrez.»*
*Mathieu 21:21-22.*

*« Et Jésus, répondant, leur dit: Ayez foi en Dieu. En vérité, je vous dis que quiconque dira à cette montagne: Ôte-toi, et jette-toi dans la mer, et qui ne doutera pas dans son cœur, mais croira que ce qu'il dit se fait, tout ce qu'il aura dit lui sera fait. C'est pourquoi je vous dis: Tout ce que vous demanderez en priant, croyez que vous le recevez, et il vous sera fait. Et quand vous ferez votre prière, si vous avez quelque chose contre quelqu'un, pardonnez-lui, afin que votre Père aussi, qui est dans les cieux, vous pardonne vos fautes»*
Marc 11 : 22-25.

Ici, le Seigneur nous précise la puissance de la parole et nous encourage également à être spécifiques dans nos prières et dans l'exercice de son autorité. Il ne suffit pas de demander à la montagne de se déplacer mais encore faut-il indiquer à la montagne où aller. Jésus a dit si vous dites à la montagne : "*Ôte toi de là et jette toi dans la mer* . . . » Prenons par exemple le cas ou nous chassons des démons. Il ne suffit pas seulement de lier et de chasser les démons sans leur indiquer une destination spécifique: c'est dangereux. Quand nous lions un démon il est lié. Si vous le chasser sans l'envoyer à une destination spécifique, il reste dans la proximité. Si le démon est réprimé seulement hors d'un homme, il peut plus tard revenir ou entrer dans n'importe quelle personne dans les environs qui n'est pas né de nouveau. Par conséquent nous devrions faire attention en ayant affaire avec des démons.

Nous devrions nous assurer que le démon est lié, chassé et envoyé à une destination spécifique. Jésus dit tout pouvoir au ciel et sur la terre et sous la terre m'appartient.

*«Voici, je vous donne l'autorité de marcher sur les serpents et sur les scorpions, et sur toute la puissance de l'ennemi; et rien ne vous nuira»*
Luc 10:19.

Jésus est mort et est allé en l'enfer et a défait Satan. Il a repris de Satan, la puissance qui a appartenu à Adam. Aujourd'hui Satan est impuissant devant tout chrétien né de nouveau

*« Tu as assujetti toutes choses sous ses pieds; car en lui assujettissant toutes choses, il n'a rien laissé qui ne lui soit assujetti; mais maintenant nous ne voyons pas encore que toutes choses lui soient assujetties»*
Hebreux2:8.

Satan est victorieux quand nous sommes ignorants, mais défaits quand nous avons la connaissance. La parole de Dieu et le nom de Jésus constituent notre arme puissante contre le pouvoir du diable.

*«Mettez-vous en colère et ne péchez pas: que le soleil ne se couche pas sur votre irritation; et ne donnez pas occasion au diable.»*
*Éphésiens 4:26-27*[32]

L'ignorance de la parole de Dieu dans notre vie permet au péché de venir dans notre vie. Le péché produit la servitude et devient bastion et une habitation pour l'activité démoniaque.

*«Leur promettant la liberté, eux qui sont esclaves de la corruption, car on est esclave de celui par qui on est vaincu ».*
2 Pierre 2:19[33].

Une des armes les plus puissantes contre les démons est l'adoration. Quand nous adorons Dieu, nous créons une atmosphère qui est identifiée par des démons et ils ne peuvent pas y résister. Par conséquent, si n'importe qui est en Christ, il est une nouvelle création les anciennes choses sont passées, voici toutes choses sont devenues nouvelles.

*« En sorte que nous, désormais, nous ne connaissons personne selon la chair; et, si même nous avons connu Christ selon la chair, toutefois maintenant nous ne le connaissons plus ainsi. En sorte que si quelqu'un est en Christ, c'est une nouvelle création: les choses vieilles sont passées; voici, toutes choses sont faites nouvelles; et toutes sont du Dieu qui nous a réconciliés avec lui-même par Christ, et qui nous a donné le service de la réconciliation, savoir, que Dieu était en Christ, réconciliant le monde avec lui-même, ne leur imputant pas leurs fautes et mettant en nous la parole de la réconciliation.»*
2 Corinthiens 5:16-19.

Mettons la parole de Dieu en action! Elle nous dit :

*« Et l'Éternel me dit: Tu as bien vu, car je veille sur ma parole pour l'exécuter »*
Jeremie1:12

Toute parole de Dieu que vous prononcez est vivante et est pleine de puissance. Aussi rendons Cette parole active, opérationnelle, et efficace. Elle est plus tranchante qu'une épée à double tranchant, pénétrant jusqu'à la moelle et divisant l'âme et de l'esprit, allant jusqu' aux profondeurs de notre nature, exposant et sondant et analysant et jugeant les pensées et mêmes les plans de nos cœurs.

### Déclarez aussi souvent que nécessaire contre : la pauvreté, la maladie, les substances narcotiques, le tabagisme, l'alcool, et la dépression etc . . . .

Moi . . .

❖ Je suis enraciné dans le nom de Jésus, et selon ta parole,

❖ Je crois dans mon cœur et déclare avec ma bouche que Jésus est le Seigneur de ma vie.

❖ J'admets également qu'a compté de ce jour que je suis libéré et délivré de . . . au nom de Jésus.
Romains 10:9-10. Satan et les principautés, ses puissances, ses principaux esprits qui règnent dans les ténèbres, et ses esprits méchants dans les endroits élevés sont attachés et je suis délivre d'eux au nom de Jésus.

*« Ayant donc un grand souverain sacrificateur qui a traversé les cieux, Jésus, le Fils de Dieu, tenons ferme notre confession; car nous n'avons pas un souverain sacrificateur qui ne puisse sympathiser à nos infirmités, mais nous en avons un qui a été tenté en toutes choses comme nous, à part le péché.*
*Approchons-nous donc avec confiance du trône de la grâce, afin que nous recevions miséricorde et que nous trouvions grâce pour avoir du secours au moment opportun.»*
Hebreux *4:14-16*[34]
Plus jamais Satan ne pourra me harceler ni m'envoyer ses esprits impurs dans ma vie.

❖ Je ne deviendrai pas esclave de tout Ce qui s'exalte au-dessus de la parole de Dieu.

*« Toutes choses me sont permises, mais toutes choses ne sont pas avantageuses; toutes choses me sont permises, mais je ne me laisserai pas, moi, m'asservir par aucune»* 1Corinthiens6: 12. Comme acte de ma volonté et de ma foi, je reçois la liberté complète et totale

maintenant au nom de Jésus ! *« Mais celui qui tient ferme dans son cœur, et qui n'est pas sous l'empire de la nécessité, mais qui est maître de sa propre volonté et a décidé dans son cœur de garder sa propre virginité, fait bien.»*
*1 Corinthiens 7:37*

❖ *Je suis désormais libre et délivré parce que j'ai invoqué le nom du Seigneur Jésus, selon ce qui est écrit dans sa parole.*

*« Mais je mortifie mon corps et je l'asservis, de peur qu'après avoir prêché à d'autres, je ne sois moi-même réprouvé.»*
1Corinthiens 9: 27.

❖ *Je te remercie Seigneur Jésus, je te loue de ce que je suis entièrement racheté de tout mauvais travail.*

*« Attendant la bienheureuse espérance et l'apparition de la gloire de notre grand Dieu et Sauveur Jésus Christ, qui s'est donné lui-même pour nous, afin qu'il nous rachetât de toute iniquité et qu'il purifiât pour lui-même un peuple acquis, zélé pour les bonnes œuvres »*
Tite 2:13-14.

❖ Je Commande mon corps et ma chair avec toi et ta parole en moi, Ils ne peuvent plus encore me commander au nom de Jésus! ALLÉLUIA !

# CHAPITRE XV

## Gardez votre cœur

Comme croyants nous devons garder notre cœur contre toutes les sortes de mauvais rapports, et faux rapports. La bible parle de méchants rapports.

Tant que nous vivons dans ce monde nous sommes et seront constamment exposés aux rapports. Il y a toujours un risque à être exposé aux mauvais rapports et nous devons toujours être sur nos gardes contre non seulement les propagateurs de ces mauvais rapports, mais aussi nous garder contre les dommages qui peuvent se produire quand que nous écoutons et tenons compte de tels rapports.

Nous devons faire attention à l'état d'esprit dans lequel nous les écoutons, identifiant que quelque chose peut nous arriver en ce sens que nous pouvons être affectés simplement par ce que nous entendons avant que nous n'ayons eu l'occasion de les apprécier nous-mêmes en tant que récepteurs. Il est absolument important que nous en soyons conscients.

### Prenez garde aux mauvais rapports !

Les mauvais rapports sont ceux qui peuvent colporter des :

1. Faits tordus ou déformés
2. Faits inachevés, ou sont suffisamment mauvais pour nous mettre en état d'arriver à de fausses conclusions. [35]
3. Fausses informations: Tels sont certainement des rapports de faux faits. Ils viennent habituellement de personnes qui sont à peine informées au sujet des faits ou de ceux créent ainsi le mensonge. Les mauvais rapports habituellement nous sont présentés avec une motivation fausse, et peuvent nous faire tirer des conclusions imprécises et hâtives. Ils Peuvent nous faire réagir en proposant des solutions non bibliques c'est à dire, pas conformes aux écritures.

« L'homme pervers sème les querelles, et le rapporteur divise les intimes amis»
Proverbes16:28

Chacun de nous dans cette vie a ou aura surement à traiter de ce genre de mauvais rapports, avec des degrés divers de perversité. De toute façon nous devons aborder cette question d'une façon biblique.

« C'est *pour cela qu'il était payé, pour que j'eusse peur et que je fisse ainsi et péchasse, et qu'ils eussent de quoi me faire un mauvais renom, afin de me couvrir d'opprobre* » Néhémie 6:13[36].

La question pour un chrétien né de nouveau, c'est comment continuer à être une bénédiction aux autres quand nous sommes attaqués dans des mauvais rapports.
La bible nous dit que quand un frère s'égare; nous avons le devoir non pas de le condamner mais le rétablir.
Au lieu de propager les nouvelles le concernant, nous allons plutôt vers ce frère et essayer de le ramener vers le droit chemin. Surtout pas le rejeter ou l'éviter, mais plutôt essayer de regagner sa confiance et lui faire comprendre qu'il est toujours accepte parmi les frères malgré son pas.

Si nous échouons, confions son cas à l'église (habituellement le conseil des aînés), pour essayer de raisonner le frère qui s'est égaré. Nous devons absolument refléter le caractère de Jésus Christ.

Les mauvais rapports sont comme des germes qui, plus vous y êtes exposés finissent par vous souiller. Dans le cas d'espèce, ils finiront par envahir votre manière de pensée. Vous devenez très sensible à de tels rapports.

Ils peuvent vous infecter, dans ce cas votre propre système de défense sera paralysé. Vous ne pouvez pas distinguer la vérité. Vous êtes complètement accablés par les rapports et devenez l'un des propagateurs vous-mêmes. Vous ne pouvez pas discerner et proposer une solution adéquate.

Garder notre cœur c'est non seulement être sur ses gardes contre ce que nous entendons mais également ce que nous disons ;

*« Et la langue est un feu. La langue, un monde d'iniquité, est établie parmi nos membres; c'est elle qui souille tout le corps, et enflamme tout le cours de la nature, et est enflammée par la géhenne. »*
*Jacques3:6*

Les mots mauvais sont des mots malpropres, et ils corrompent notre esprit.

*«. Ainsi dit l'Eternel des armées: Interroge les sacrificateurs sur la loi, disant: Si un homme porte de la chair sainte dans le pan de sa robe, et qu'il touche avec le pan de sa robe du pain, ou quelque mets, ou du vin, ou de l'huile, ou quoi que ce soit qu'on mange, ce qu'il a touché sera-t-il sanctifié? Et les sacrificateurs répondirent et dirent: Non. »*
*Aggée 2:11-12*

La sainteté ne passe pas à d'autres choses.

Alors Aggée a demandé, « Suppose que quelqu'un touche une personne morte et ce faisant devient-il profane, puis la chose qu'il a touché devient-elle profane ? Et le prêtre répondit « oui ».

Ces vies ont rendu vos sacrifices profanes.

Et non seulement eux, mais tout autrement que vous avez fait comme service à moi. Quelque chose de propre et saint touchant le malpropre ne fait pas le malpropre nettoient. De même quand une personne sauvée épouse une personne non sauvée, pensant que la puissance de votre salut affectera franchement la personne non sauvée peut-il fonctionner dans quelques cas, mais généralement cela fonctionne tout au contraire.

La bible indique :

« *Et ne vous conformez pas à ce siècle; mais soyez transformés par le renouvellement de votre entendement, pour que vous discerniez quelle est la volonté de Dieu, bonne et agréable et parfaite.*»
*Romains 12:2*

Car les croyants nous sommes le corps du Christ et Christ veut dire « oint « ainsi chaque croyant fait partie du corps du Christ ou en d'autres termes une partie de son onction. Nous sommes des partageurs de l'onction de Christ.

Il nous appartient de libérer cette onction par la foi pour obtenir des résultats. Nous vivons dans un monde qui n'accepte que les choses qu'il peut voir ou sentir. Cette acceptation intellectuelle est trouvée dans toutes sortes de substances de divertissement, comme les jeux etc . . . . Des films auxquels une longue exposition finit planter la graine d'incrédulité dans le cœur du chrétien, né de nouveau ou pas.

En conséquence le chrétien devient un croyant mental, pensant qu'il est juste, parce qu'il est en accord avec la parole de Dieu, mais refuse de l'appliquer. Il dira que la Bible est vraie, mais refusera d'agir en conséquence. Il conviendra alors que la parole de Dieu est véridique quand tout va bien, l'accepte quand elle est confortable, mais quand les choses tournent mal, oublie tout et se tourne facilement vers ses anciennes pratiques.

Le chrétien doit être constamment dans la parole de Dieu pour garder son cœur contre l'incrédulité du monde qui peut venir de deux manières par le manque de connaissance,

« *Ainsi la foi est de ce qu'on entend, et ce qu'on entend par la parole de Dieu.*»
*Romains10:17*

ou par manque de motivation d'agir :

*« Puis donc qu'il reste que quelques-uns y entrent, et que ceux qui auparavant avaient été évangélisés ne sont pas entrés à cause de leur désobéissance»*
*Hébreux 4 : 6*

## Discipline spirituelle

Garder notre cœur exige également la discipline spirituelle. De toutes disciplines spirituelles: le jeûne, les dévotions, la prière, la participation au culte et d'autres choses que nous faisons pour maintenir notre santé spirituelle et qui sont indiquées dans la bible, intendance est la plus importante parce qu'elle est liée directement à notre cœur.

*« Et l'Éternel dit à Samuel: Ne regarde pas son apparence, ni la hauteur de sa taille, car je l'ai rejeté; car l'Éternel ne regarde pas ce à quoi l'homme regarde, car l'homme regarde à l'apparence extérieure, et l'Éternel regarde au cœur »*
*1Samuel 16:7.*

Tout chrétien doit aspirer à la pureté de son cœur. Jésus a dit : là où vous avez mettez votre trésor, là sera votre cœur. Ce n'est pas la façon dont nous dépensons notre argent qui indique quelle sorte de personnes nous sommes ; mais elle détermine quelle sorte de personnes nous devenons.
Le trésor n'est pas nécessairement l'argent.
Notre trésor est tout ce que nous évaluons, tel que notre argent dans beaucoup de cas, mais également notre temps, nos possessions, nos familles, ou même notre corps physique. Jésus a dit que ce que nous faisons avec nos trésors affecte notre cœur. Il détermine qui nous sommes au fond de notre être, et détermine quelle sorte de personnes nous devenons.

# CHAPITRE XVI

## Connaissance de Dieu

Que diriez-vous si quelqu'un vous interrogeait au sujet de votre Dieu ?

Mon conseil : n'essayez jamais de prouver l'existence de Dieu, parce que nulle part, la bible n'essaie de prouver son existence. L'existence de Dieu dans la bible est un fait accompli aussi bien dans l'Ancien Testament que dans le Nouveau Testament. *Genèse 1:1* dit "**Au commencement Dieu . . .** ». *Esaïe 55 :8* nous rappelle :

« car mes pen*sées ne sont pas vos pensées. Et vos voies ne sont pas mes voies dit l'Eternel.* »

Bien que vous ne puissiez pas prouver l'existence de Dieu vous pouvez surement décrire sa personnalité comme montrée dans toute la bible par ses alliances avec les hommes.

### 1) Dieu est Amour

La bible déclare que nous sommes crées à l'image et à la ressemblance de Dieu.

Ceci ne veut pas dire que quand nous nous regardons dans un miroir nous voyons la face de Dieu.

La ressemblance et l'image de Dieu vont au delà d'une simple ressemblance physique. Qu'est ce a dire ?

En réalité ceci veut dire que Dieu nous a lègue certains de ces attributs personnels tels que aimer et être aime, éprouver de la colère, la haine et créer par le pouvoir de la parole mais tout ceci n'est possible que par la foi. L'être humain peut aimer et détester. Tels sont quelques attributs dont nous avons hérité de Dieu. Nous servons un véritable Dieu vivant qui aime et s'afflige. Dieu aime et est la source d'amour : Il est amour. « *Dieu a tant aimé le monde, qu'il a donné son Fils unique, afin que quiconque croit lui en ne périsse pas, mais qu'il ait la vie éternelle.* » *Jean3 : 16*

## 2) Dieu éprouve de la haine

Dieu est saint et ne peut pas supporter tout ce qui n'est pas saint. Le péché est dégoûtant a la vue de Dieu et il ne peut pas la voir. La bible indique qu'il y a des choses qu'il déteste.

« *L'Éternel hait ces six choses, et il y en a sept qui sont en abomination à son âme*»
*Proverbes 6:16*

## 3) Dieu prend soin

Dieu est notre créateur. Il est notre père et en tant que père il s'occupe de ses enfants. Il veut avoir une relation personnelle avec nous. Il a démontré son soin dans le jardin d'Éden où il marcha avec Adam dans le frais du jour. On peut imaginer que ce n'était pas simplement une promenade dans le jardin, mais bien plus, un moment d'intime conversation entre Dieu Tout-Puissant et Adam. Même après sa chute Dieu pris toujours soin d'Adam et Ève à tel point qu'il est allé les rechercher. Il les a même vêtus, quand ils ont dit qu'ils étaient nus. « *L'Eternel Dieu fit à Adam et a sa femme des habits de peau, et il les en revêtit.* » *Genèse 3 :21* L'apôtre Pierre nous le rappelle ; « *Rejetant sur lui tout votre souci, car il a soin de vous.* »*1Pierre 5:7*

## 4) Dieu s'afflige

Comme toute personne attentionnée et qui aime et qui prends soin, quand nous nous sentons trahis, nous sommes affligés. Ceci fait partie de l'image de Dieu qu'il nous a imputée. Ainsi Dieu s'afflige quand nous l'offensons. Quand nous n'obéissons pas à ses commandements, il s'afflige.

« *Et l'Éternel se repentit d'avoir fait l'homme sur la terre, et il s'en affligea dans son cœur.*" Genèse 6 : 6

# Connaitre la trinité

Il ne nous appartient pas ici d'engager un débat théologique à ce sujet dans ce guide, mais d'apporter une meilleure connaissance de Dieu et de son pouvoir ; lui faire appel dans ses différents attributs selon nos situations du moment. Non seulement en tant que chrétiens nous devons savoir qui est notre. Dieu, mais aussi également savoir sous quelles formes' il s'est manifesté à nous, dans l'histoire de l'humanité.

La bible nous dit que Dieu s'est manifesté aux hommes sous trois formes différentes communément Appelées: Trinité dans l'unicité de Dieu le Père, de Dieu le Fils et de Dieu l'Esprit Saint.

### I.   Dieu le Père

Il s'est révélé à travers différentes circonstances appelées : noms. Le père est identifié comme Dieu et est la plénitude de la divinité invisible.

« *Qui, par lui, croyez en Dieu qui l'a ressuscité d'entre les morts et lui a donné la gloire, en sorte que votre foi et votre espérance fussent en Dieu.»* 1Pierre1:21. [37]

Nous devons apprendre non seulement à vénérer le nom du Seigneur mais également comment appliquer ce nom particulier dans un secteur particulier de notre vie. Nous devrions faire attention à la façon dont nous utilisons le nom du Seigneur, surtout ne pas l'utiliser en vain, parce qu'il nous jugera certainement.

# 1. ELOHIM

Le Puissant, le Créateur, Dieu Souverain de l'univers
Elohim signifie en hébreu « Dieu pluriel» Pluriel masculin. Ce qui implique la trinité. Dieu le père, Dieu le fils et Dieu le Saint Esprit. » *Genèse1:*1 Ce nom est cité 2570 fois dans la bible 32 fois dans Genèse. Elohim veut dire le Juge le Puissant, le Maître, le Créateur, Souverain et Eternel. Dieu qui honore ses alliances. Le nom Elohim est traduit en anglais LORD (SEIGNEUR) (tout en majuscules*)* et en Français tout simplement Dieu.

*« En ce jour-là, l'Eternel fit une alliance avec Abram, disant: Je donne ce pays à ta semence, depuis le fleuve d'Égypte jusqu'au grand fleuve, le fleuve Euphrate. » Genèse15 : 18*

# 2. EL ELYON

**Le Dieu Très Haut**

Il est élevé au-dessus de tout, au-dessus de toute la création. Il est au-dessus des dieux et des cieux.

Il y a eu une bataille dans le ciel au sujet de ce nom. Satan a voulu avoir ce nom, et Dieu le précipita vers la terre, vers l'abîme. Ainsi le nom EL ELYON se rapporte à Dieu qui est au dessus de tout et qui travaille en notre faveur.

Il n'y a rien de plus élevé qu'EL Elyon. Sachez donc que quelle que soit votre circonstance, Dieu est au dessus de tous vos problèmes.

*« Et toi, tu as dit dans ton cœur: Je monterai aux cieux, j'élèverai mon trône au-dessus des étoiles de Dieu, et je m'assiérai sur la montagne de l'assignation, au fond du nord. Je monterai sur les hauteurs des nues, je serai semblable au Très-haut. Toutefois, on t'a fait descendre dans le shéol, au fond de la fosse.»*
*Esaie14:13-15*[38]*.*

*Il* est Dieu qui gagne votre bataille particulièrement quand vous êtes dépassé en nombre.

# 3. EL SHADDAI

**Le Dieu Tout Puissant, Tout Suffisant.**

Ce nom est cité 48 fois dans les Écritures.

*« Et Abram était âgé de quatre-vingt-dix-neuf ans; et l'Éternel apparut à Abram, et lui dit: Je suis le Dieu Tout-Puissant; marche devant ma face, et sois parfait; et je mettrai mon alliance entre moi et toi, et je te multiplierai extrêmement. Et Abram tomba sur sa face, et Dieu parla avec lui, disant: Quant à moi, voici mon alliance est avec toi, et tu seras père d'une multitude de nations; et ton nom ne sera plus appelé Abram, mais ton nom sera Abraham, car je t'ai établi père d'une multitude de nations. »*
*Genèse 17:1-5*

L'EL Shaddai fonctionnera pour vous quand vous marchez dans la droiture. Il peut vous faire avoir une percée quand personne n'obtient autrement une percée, il peut vous faire prospérer quand personne d'autre ne prospère. Mais vous devez marcher dans la droiture devant Dieu.

*« Et Isaac appela Jacob, et le bénit, et lui commanda, et lui dit: Tu ne prendras pas de femme d'entre les filles de Canaan. Lève-toi, va à Paddan-Aram, à la maison de Bethel, père de ta mère, et prends de là une femme d'entre les filles de Laban, frère de ta mère. Et que le Dieu Tout-puissant te bénisse, et te fasse fructifier et te multiplie, afin que tu deviennes une assemblée de peuples; et qu'il te donne la bénédiction d'Abraham, à toi et à ta semence avec toi, afin que tu possèdes le pays où tu as séjourné, lequel Dieu a donné à Abraham. »*
*Genèse 28:1-4*[39]

# 4. YAHWEH

**Y.H.W.H** Quatre lettres hébraïques prononcées: *YOD HÉ VAV HÉ* *qui signifie ; Gardien* d'alliance, source de grâces, qui demeure parmi son peuple. C'est le Dieu de révélation. Ce nom est trouvé 6832 fois dans la bible.

Dans le désert il s'est révélé à Moïse comme « **JE SUIS celui qui SUIS** » ce qui veut dire, Je serai celui que vous voulez que je sois pour vous. Certains rabbins juifs cependant prétendent que le vrai nom de Dieu est long de 72 lettres et est gardé secret de l'humanité pour éviter le blasphème du nom de Dieu et du jugement immédiat.

*«Et celui qui blasphémera le nom de l'Éternel sera certainement mis à mort: toute l'assemblée ne manquera pas de le lapider; on mettra à mort tant l'étranger que l'Israélite de naissance, lorsqu'il aura blasphémé le Nom»* *Lévitique 24:16*

Il est Dieu qui a pitié et veut avoir un rapport étroit avec l'humanité.

*« Et l'Éternel vit qu'il se détournait pour voir; et Dieu l'appela du milieu du buisson, et dit: Moïse! Moïse! Et il dit: Me voici. Et il dit: N'approche pas d'ici; ôte tes sandales de tes pieds, car le lieu sur lequel tu te tiens est une terre sainte. Et il dit: Je suis le Dieu de ton père, le Dieu d'Abraham, le Dieu d'Isaac, et le Dieu de Jacob. Et Moïse cacha son visage, car il craignait de regarder vers Dieu.*

*Et l'Éternel dit: J'ai vu, j'ai vu l'affliction de mon peuple qui est en Égypte, et j'ai entendu le cri qu'il a jeté à cause de ses exacteurs; car je connais ses douleurs.*

*Et je suis descendu pour le délivrer de la main des Égyptiens, et pour le faire monter de ce pays-là dans un pays bon et spacieux, dans un pays ruisselant de lait et de miel, dans le lieu d'habitation du Cananéen, et du Héthien, et de l'Amoréen, et du Phérézien, et du Hévien, et du Jébuséen. Et maintenant, voici, le cri des fils d'Israël est venu jusqu'à moi; et j'ai aussi vu l'oppression dont les Égyptiens les oppriment. Et maintenant, viens, et je t'enverrai vers le Pharaon, et tu feras sortir hors d'Égypte mon peuple, les fils d'Israël »* *Exode 3:4-10.*

Jéhovah est une autre traduction de Yahvé. [40] C'est Dieu qui veut avoir une relation particulière avec l'humanité; c'est Dieu de révélation, Dieu de la pitié qui veut reconstituer le lien rompu entre lui et l'homme.

## 5. JÉHOVAH JIREH

**Dieu qui Pourvoie.**

Il est le Seigneur qui pourvoie avant le temps. Ainsi quand il demande un sacrifice, il met déjà littéralement les moyens à notre disposition avant le temps. Dieu ne se montre jamais avant que vous ne soyez au bout de vous-même. Nous devons obéir à Dieu et connaitre cette nouvelle dimension de Dieu et cette dimension consiste en la disposition comme récompense de notre obéissance.

Dieu fournira toujours une manière d'évasion quelle que soit notre situation.

*« Et Abraham leva ses yeux, et vit, et voici, il y avait derrière lui un bélier retenu à un buisson par les cornes; et Abraham alla et prit le bélier, et l'offrit en holocauste à la place de son fils. Et Abraham appela le nom de ce lieu-là: Jéhovah-Jiré, comme on dit aujourd'hui: En la montagne de l'Éternel il y sera pourvu. Et l'Ange de l'Éternel cria des cieux à Abraham, une seconde fois, et dit: J'ai juré par moi-même, dit l'Éternel: Parce que tu as fait cette chose-là, et que tu n'as pas refusé ton fils, ton unique, certainement je te bénirai, et je multiplierai abondamment ta semence comme les étoiles des cieux et comme le sable qui est sur le bord de la mer; et ta semence possédera la porte de ses ennemis. Et toutes les nations de la terre se béniront en ta semence, parce que tu as écouté ma voix »*
*Genèse22 : 13-18*

# 6. JÉHOVAH NISSI

## Le Seigneur Ma Bannière

Ici Bannière ne veut pas dire drapeau ou étendard mais « Dieu de mon miracle » dans la traduction originale en hébreu.

*« Et Amalek vint, et combattit contre Israël, à Rephidim. Et Moïse dit à Josué: Choisis-nous des hommes, et sors, combats contre Amalek; demain je me tiendrai sur le sommet de la colline, la verge de Dieu dans ma main.*

*Et Josué fit comme Moïse lui avait dit, pour combattre contre Amalek; et Moïse, Aaron, et Hur montèrent au sommet de la colline. Et il arrivait, lorsque Moïse élevait sa main, qu'Israël avait le dessus; et quand il reposait sa main, Amalek avait le dessus. Mais les mains de Moïse étaient pesantes; et ils prirent une pierre, et la mirent sous lui, et il s'assit dessus; et Aaron et Hur soutenaient ses mains, l'un deçà, et l'autre delà; et ses mains furent fermes jusqu'au coucher du soleil. Et Josué abattit Amalek et son peuple au tranchant de l'épée. Et l'Éternel dit à Moïse: Écris ceci pour mémorial dans le livre, et fais-le entendre à Josué, que j'effacerai entièrement la mémoire d'Amalek de dessous les cieux. Et Moïse bâtit un autel, et appela son nom: Jéhovah-Nissi; et il dit: Parce que a juré, l'Éternel aura la guerre contre Amalek de génération en génération.»*
*Exode 17:8-16*

# 7. ADONAI

## Seigneur, Propriétaire, Maitre et qui règne

Ce nom est mentionné 300 fois dans la Bible. Dieu est le maître de notre vie. Quand vous devez demander une direction dans votre vie, invoquez-le sous ce nom. Toutes les fois que Dieu envoie n'importe quelqu'un, il s'indiquera comme Adonaï. Il a affaire avec nous comme maître et créateur attendant notre obéissance.

*« Moïse répondit, et dit: Mais voici, ils ne me croiront pas, et n'écouteront pas ma voix; car ils diront: L'Éternel ne t'est point apparu. Et l'Éternel lui dit: Qu'est-ce que tu as dans ta main? Et il dit: Une verge. Et il dit: Jette-la à terre. Et il la jeta à terre, et elle devint un serpent; et Moïse fuyait devant lui. Et l'Éternel dit à Moïse: Étends ta main, et saisis-le par la queue (et il étendit sa main, et le saisit, et il devint une verge dans sa main), afin qu'ils croient que l'Éternel, le Dieu de leurs pères, le Dieu d'Abraham, le Dieu d'Isaac, le Dieu de Jacob, t'est apparu. Et l'Éternel lui dit encore: Mets maintenant ta main dans ton sein. Et il mit sa main dans son sein; et il la retira, et voici, sa main était lépreuse, blanche comme neige. Et il dit: Remets ta main dans ton sein.*

*Et il remit sa main dans son sein; et il la retira de son sein, et voici, elle était redevenue comme sa chair.*

*Et il arrivera que, s'ils ne te croient pas et n'écoutent pas la voix du premier signe, ils croiront la voix de l'autre signe. Et il arrivera que s'ils ne croient pas même à ces deux signes, et n'écoutent pas ta voix, tu prendras de l'eau du fleuve et tu la verseras sur le sec; et l'eau que tu auras prise du fleuve deviendra du sang sur le sec.*

*Et Moïse dit à l'Éternel: Ah, Seigneur! Je ne suis pas un homme éloquent, ni d'hier, ni d'avant-hier, ni depuis que tu parles à ton serviteur; car j'ai la bouche pesante et la langue pesante. Et l'Éternel lui dit: Qui est-ce qui a donné une bouche à l'homme? Ou qui a fait le muet, ou le sourd, ou le voyant, ou l'aveugle? N'est-ce pas moi, l'Éternel?*

*Et maintenant, va, et je serai avec ta bouche, et je t'enseignerai ce que tu diras. »*
Exode 4 : 1-12[41]

## 8. JÉHOVAH MIKKEDESH

### Le Dieu qui me sanctifie

Ce nom est mentionné 7 fois dans l'Ancien Testament.

Il est Dieu saint qui peut nous rendre saints. L'attribut numéro un de Dieu est sa sainteté ; c' est pourquoi nous devons l'approcher en sainteté. Il est le Saint d'*Israël*.

« *Et l'un criait à l'autre, et disait: Saint, saint, saint, est l'Éternel des armées; toute la terre est pleine de sa gloire!*». *Esaïe 6:3*

*La sainteté de Dieu montre dans sa gloire de Shekina. C'est Mikkedesh qui sanctifiera notre bouche notre langue et notre cœur. "Et Dieu bénit le septième jour, et le sanctifia; car en ce jour il se reposa de toute son œuvre que Dieu créa en la faisant. »*
*Genèse 2:3.*

Même sauvés, nous pouvons lutter avec une certaine servitude, et nous devons nous en affranchir par une séance délivrance.

# 9. JÉHOVAH RAPHA

## Mon Dieu qui me guérit

Si vous gardez ma parole et suivez mon commandement je serai Dieu votre guérisseur.

« *Alors Moïse et les fils d'Israël chantèrent ce cantique à l'Éternel, et parlèrent, disant: Je chanterai à l'Éternel, car il s'est hautement élevé; il a précipité dans la mer le cheval et celui qui le montait. Jahvé est ma force et mon cantique, et il a été mon salut. Il est mon Dieu, et je lui préparerai une habitation, le Dieu de mon père, et je l'exalterai.*

*L'Éternel est un homme de guerre; l'Éternel est son nom. Les chars du Pharaon, et son armée, il les a jetés dans la mer; l'élite de ses capitaines a été enfoncée dans la mer Rouge. Les abîmes les ont couverts; ils sont descendus dans les eaux profondes, comme une pierre.*

*Ta droite, ô Éternel! S'est montrée magnifique en force; ta droite, ô Éternel a écrasé l'ennemi. Et dans la grandeur de ta majesté, tu as détruit ceux qui s'élevaient contre toi; tu as lâché ta colère, elle les a dévorés comme du chaume.*

*Et par le souffle de tes narines, les eaux se sont amoncelées; les courants se sont dressés comme une muraille; les abîmes sont devenus solides au cœur de la mer. L'ennemi disait: Je poursuivrai, j'atteindrai, je partagerai le butin;*

*mon âme sera assouvie d'eux; je tirerai mon épée, ma main les exterminera. As soufflé de ton souffle, la mer les a couverts; ils se sont enfoncés comme du plomb dans les eaux magnifiques. Qui est comme toi parmi les dieux, ô Éternel? Qui est comme toi, magnifique en sainteté, terrible en louanges, opérant des merveilles? Tu as étendu ta droite, la terre les a engloutis. Tu as conduit par ta bonté ce peuple que tu as racheté; tu l'as guidé par ta force jusqu'à la demeure de ta sainteté. Les peuples l'ont entendu, ils ont tremblé; l'effroi a saisi les habitants de la Philistine.*

*Alors les chefs d'Édom ont été épouvantés; le tremblement a saisi les forts de Moab; tous les habitants de Canaan se sont fondus. La crainte et la frayeur sont tombées sur eux: par la grandeur de ton bras ils sont devenus muets comme une pierre, jusqu'à ce que ton peuple, ô Éternel, ait passé, jusqu'à ce qu'ait passé ce peuple que tu t'es acquis. Tu les introduiras et tu les planteras sur la montagne de ton héritage, le lieu que tu as préparé pour ton habitation, ô Éternel! Le sanctuaire, ô Seigneur! Que tes mains ont établi. L'Éternel régnera à toujours et à perpétuité. Car le cheval du Pharaon est entré dans la mer, avec son char et ses cavaliers, et l'Éternel a fait retourner sur eux les eaux de la mer; et les fils d'Israël ont marché à sec au milieu de la mer. Et Marie, la prophétesse, sœur d'Aaron, prit un tambourin en sa main, et toutes les femmes sortirent après elle, avec des tambourins et en chœurs; et Marie leur répondait: Chantez à l'Éternel, car il s'est hautement élevé; il a précipité dans la mer le cheval et celui qui le montait.»*
*Exode 15:1-21*

## 10. JÉHOVAH SHALOM

### DIEU DE PAIX

Ce nom est mentionné 170 fois dans la bible.

*« Et un ange de l'Éternel vint, et s'assit sous le térébinthe qui est à Ophra, lequel était à Joas, l'Abiézerite. Et Gédéon, son fils, battait du froment dans le pressoir, pour le mettre en sûreté de devant Madian.*

*Et l'Ange de l'Éternel lui apparut, et lui dit: L'Éternel est avec toi, fort et vaillant homme. Et Gédéon lui dit: Ah! Mon seigneur, si l'Éternel est*

160

*avec nous, pourquoi donc toutes ces choses nous sont-elles arrivées? Et où sont toutes ses merveilles que nos pères nous ont racontées, en disant: L'Éternel ne nous a-t-il pas fait monter hors d'Égypte?*

*Et maintenant l'Éternel nous a abandonnés, et nous a livrés en la main de Madian. Et l'Éternel le regarda, et lui dit: Va avec cette force que tu as, et tu sauveras Israël de la main de Madian. Ne t'ai-je pas envoyé? Et il lui dit: Ah! Seigneur, Avec quoi sauverai-je Israël? Voici, mon millier est le plus pauvre en Manassé, Et moi je suis le plus petit dans la maison de mon père. Et l'Éternel lui dit: Moi je serai avec toi; et tu frapperas Madian comme un seul homme.*

*Et il lui dit: Je te prie, si j'ai trouvé grâce à tes yeux, donne-moi un signe que c'est toi qui parles avec moi.*

*Ne te retire pas d'ici, je te prie, jusqu'à ce que je vienne à toi, et que j'apporte mon présent et que je le dépose devant toi. Et il dit: Je m'assiérai jusqu'à ce que tu reviennes.*

*Et Gédéon entra, et apprêta un chevreau et des pains sans levain d'un épha de farine; il mit la chair dans un panier et mit le bouillon dans un pot, et les lui apporta sous le térébinthe, et les présenta. Et l'Ange de Dieu lui dit: Prends la chair et les pains sans levain, et pose-les sur ce rocher-là, et verse le bouillon. Et il fit ainsi.*

*Et l'Ange de l'Éternel étendit le bout du bâton qu'il avait en sa main, et toucha la chair et les pains sans levain; et le feu monta du rocher et consuma la chair et les pains sans levain. Et l'Ange de l'Éternel s'en alla de devant ses yeux.*

*Et Gédéon vit que c'était un ange de l'Éternel, et Gédéon dit: Ah! Seigneur Éternel, si c'est pour cela que j'ai vu l'Ange de l'Éternel face à face!*

*Et l'Éternel lui dit: Paix te soit; ne crains point, tu ne mourras pas. Et Gédéon bâtit là un autel à l'Éternel, et l'appela Jéhovah-Shalom. Jusqu'à ce jour il est encore à Ophra des Abiézerite.»*
*Juge 6:11-24.*

Vous avez tout ce qu' 'il vous faut mais vous n'avez pas la paix. Si vous recherchez la vraie paix que seul Dieu peut vous donner, c'est ce nom qu'il vous faudra invoquer.

La paix de Dieu est non seulement extérieure mais également intérieur. Jérusalem signifie la ville de paix. [42]

# 11. JÉHOVAH ROHA

**Le Seigneur mon berger**

Il est Dieu qui nous guidera dans la vie, et à travers toutes les intempéries de notre vie.

*« L'Éternel est mon berger: je ne manquerai de rien. Il me fait reposer dans de verts pâturages, il me mène à des eaux paisibles. Il restaure mon âme; il me conduit dans des sentiers de justice, à cause de son nom.*

*Même quand je marcherais par la vallée de l'ombre de la mort, je ne craindrai aucun mal; car tu es avec moi: ta houlette et ton bâton, ce sont eux qui me consolent.*

*Tu dresses devant moi une table, en la présence de mes ennemis; tu as oint ma tête d'huile, ma coupe est comble.*

*Oui, la bonté et la gratuité me suivront tous les jours de ma vie, et mon habitation sera dans la maison de l'Éternel pour de longs jours.»*
*Psaumes 23 :1-6*
*Que fait le berger ? Il pait, guide et protège son troupeau de façon que son troupeau n'ait fin ni soif et ne soit expose au danger. C'est ce que fera pour vous Jéhovah Roha.*

# 12. JEHOVA TSIDKENU

**Dieu de ma Justice**

*Êtes*-vous accusés faussement condamnés à tort par une justice partisane et laissés sans défense, subissez vous des brimades ou êtes-vous persécutés à cause de votre foi en Christ. C'est Jéhovah Tsidkenu qui vous défendra et vous rendra justice. Quand nous sommes sauvés, nous obtenons la droiture de Dieu par le sang de Jésus.

*« Dans ses jours Juda sera sauvé et Israël demeurera en sécurité; et c'est ici le nom dont on l'appellera: L'Éternel notre justice. »* [43.

# 13. JÉHOVAH SHAMMA

## Dieu est présent

Notre Dieu est omniprésent et nous semblons souvent l'oublier surtout dans nos moments de malheur. Quand tout va bien, nous sommes prêts à le louer et lui rendre gloire, mais quand rien ne va plus, nous avons l'impression qu'il est subitement absent de notre vie. Et nous nous posons la question « Dieu où es tu ? » Et pourtant Dieu nous donne toutes les assurances de sa présence dans notre vie, quelles que soient nos circonstances.

*« Voici, la vierge sera enceinte et enfantera un fils, et on appellera son nom Emmanuel, ce qui, interprété, est: Dieu avec nous. »*
Mathieu 1:23

*« Si tu traverses les eaux, je serai avec toi. Et les fleuves, ils ne te submergeront point. Si tu marche dans le feu, tu ne te bruleras pas car je suis l'Eternel, ton Dieu »*

*L'histoire des trois compagnons de Daniel : Schadrac, Meschac et Abed-Nego, jetés dans la fournaise, est très éloquente pour démontrer la présence de Dieu au milieu de nos tourments.*

*« Eh bien je vois quatre hommes sans liens, qui marchent au milieu du feu, et qui n'ont point de mal ; et la figure du quatrième ressemble à celle d'un fils des dieux.»*
Daniel4 :25

Nous devons porter la présence sainte de Dieu avec nous. Dans chaque lutte de la vie nous devons proclamer que nous sommes la droiture de Dieu en Christ Jésus et revenir sur sa voie dans nos égarements.

« *Et l'Éternel dit: Ma face ira, et je te donnerai du repos. Et Moïse lui dit: Si ta face ne vient pas, ne nous fais pas monter d'ici;»*
*Exode 33:14*-15
Le roi David qui a connu bien de situations aussi difficiles que dangereuses, affirme dans le *Psaume 46 :1*

« *Dieu est pour nous un refuge et un appui ; Un secours toujours présent dans la détresse.* »

Les dernières paroles de Jésus sur terre furent:

«*.Et voici, je suis avec vous tous les jours, jusqu' à la fin du monde.* »
*Mathieu 28 :20*

## II.     Dieu le Fils : Jésus le Christ

La personnalité la plus controversée en philosophie, en théologie et dans l'histoire de notre monde contemporain, et pourtant la personnalité la plus influente, dans l'histoire humaine est la personne de Jésus Christ.

Certains pensent qu'il était le meilleur et le plus parfait être humain qui ait jamais existé. Certains pensent qu'il était seulement un prophète, certains croient qu'il est le Fils de Dieu et les chrétiens pensent que non seulement il est le Fils de Dieu mais également Dieu le sauveur.

Le Fils est identifié comme Dieu et est la plénitude de la divinité manifestée en chair.

« *Mais quant aux Fils: Ton trône, ô Dieu, demeure aux siècles des siècles; c'est un sceptre de droiture que le sceptre de ton règne* »
*Hebreux1 : 8*

« *Et la Parole devint chair, et habita au milieu de nous (et nous vîmes sa gloire, une gloire comme d'un fils unique de la part du Père) pleine de grâce et de vérité* »
*Jean 1:14*

Jésus lui-même a demandé à ses disciples dans *Matthieu 16:13-19*

« *Or, lorsque Jésus fut venu aux quartiers de Césarée de Philippe, il interrogea ses disciples, disant: Qui disent les hommes que je suis, moi, le fils de l'homme? Et ils dirent: Les uns disent: Jean baptiste; les autres: Élie; et d'autres: Jérémie ou l'un des prophètes. Il leur dit: Et vous, qui dites-vous que je suis? Et Simon Pierre, répondant, dit: Tu es le Christ, le Fils du Dieu vivant. Et Jésus, répondant, lui dit: Tu es bienheureux, Simon Bar-Jonas, car la chair et le sang ne t'ont pas révélé cela, mais mon Père qui est dans les cieux. Et moi aussi, je te dis que tu es Pierre; et sur ce roc je bâtirai mon assemblée, et les portes de l'enfer ne prévaudront pas contre elle. Et je te donnerai les clefs du royaume des cieux; et tout ce que tu lieras sur la terre sera lié dans les cieux; et tout ce que tu délieras sur la terre sera délié dans les cieux* ».* Leurs réponses étaient aussi diversifiées au nombre ou ils étaient, jusqu'à ce que Pierre ait déclaré »

**Tu es le Christ le Fils du Dieu vivant** ». Jésus lui répondit :

« *Béni soit tu Simon Pierre, parce que ceci ne t'a pas été révélé par la chair et le sang, mais par mon Père dans le ciel.* »

Nous comprenons dès lors que pour appréhender la déité de Jésus nous avons besoin de la révélation de Dieu lui-même. Où pouvons-nous autrement trouver la révélation de Dieu si ce n'est dans sa parole : La Sainte Bible.

Dans ce guide nous différencierons entre la divinité de Christ et la déité de Christ. La question ici n'est pas de prouver si Jésus-Christ est divin, mais si Jésus Christ est Dieu. Cette personne qui est née en chair humaine et a vécu sur cette terre est—il vraiment Dieu, au point qu'il soit digne de notre foi absolue et notre obéissance suprême et notre adoration, tout comme Dieu le père ?

Si nous voulons étudier la déité de Jésus Christ nous devons établir d'abord la base en montrant ce qu'est Dieu.

En d'autres termes quels sont les attributs, qui font de Dieu ce qu'il est l'être suprême c'est à dire Dieu!

La naissance de Jésus avait été annoncée des siècles au paravent par le prophète Esaïe :

*«Car un enfant nous est ne, un fils nous est donne ; Et la domination reposera sur son épaule ; On n l'appellera Admirable, Conseiller, Dieu Puissant, Père Eternel, Prince de paix.»*,
*Esaie10 :5*

et finalement par l'ange Gabriel :

*« Et voici, tu deviendras enceinte et tu enfanteras un fils, et tu lui donneras le nom de Jésus sera appelé fils du Très Haut, et le Seigneur Dieu lui donnera le trône de David son père. Il régnera sur la maison de Jacob éternellement, et son règne n'aura pas de fin. »*
Luc2 :31-33.

Le nom de Jésus en hébreu veut dire Jeshua et signifie « Dieu sauve ». C'est un nom puissant. A la mention de son nom les démons tremblent. La bible déclare :

*« Le nom de l'Éternel est une forte tour; le juste y court et s'y trouve en une haute retraite.»*
*Proverbes 18:10.*

*Celui que nous demandions au nom de Jésus dans la foi il a promis de la faire.*

*« Et quoi que vous demandiez en mon nom, je le ferai, afin que le Père soit glorifié dans le Fils. Si vous demandez quelque chose en mon nom, moi, je le ferai.»*
*Jean 14:13-14.*

*« Afin qu'au nom de Jésus se ploie tout genou des êtres célestes, et terrestres, et infernaux, et que toute langue confesse que Jésus Christ est Seigneur, à la gloire de Dieu le Père.»*
*Philippiens 2:10-11.*

## Jésus-Christ répond-il à ces exigences pour être Dieu ?

Prouver la déité de Jésus Christ n'est rien d'autre qu'examiner sa vie sur terre à la lumière des critères qui font de Dieu ce qui il est : Dieu. Un des attributs de Dieu est son omnipotence. Voyons si Jésus-Christ est omnipotent.

### 1.   Jésus a prouvé son omnipotence

Les écritures relatent certains faits qui sont assez éloquents pour prouver le pouvoir de Jésus sur toutes sortes de maladies.

Pendant le ministère de Jésus sur terre, il a guéri beaucoup de maladies, en fait il a guéri autant de variété de maladies qui lui ont été présentées. Ainsi a-t-il guéri par exemple :

1.  De la paralysie, le domestique du centurion, [44]
2.  De l'hémorragique La femme [45]
3.  Des hommes aveugles [46]
4.  L'homme à La main défraîchie [47]
5.  De l'épilepsie un garçon [48]
6.  De l'hydropisie un homme.
    Notez que seulement Luc a relaté ceci parce qu'il était un médecin et il a su exactement ce qu'était cette maladie.
7.  Le sourd-muet [49]
8.  Des Lépreux [50]

### 2.   Jésus a démontré sa suprématie sur la mort

Les écritures rapportent la toute puissance de Jésus sur la mort telle que dans :

- **La Résurrection du fils d'une veuve a Nain**

*« Et le jour suivant, il arriva que Jésus allait à une ville appelée Naïn, et plusieurs de ses disciples et une grande foule allaient avec lui. Et comme il approchait de la porte de la ville, voici, on portait dehors un mort, fils unique de sa mère, et elle était veuve; et une foule considérable de la ville était avec elle. Et le Seigneur, le voyant, fut ému de compassion envers elle et lui dit: Ne pleure pas.*

*Et s'approchant, il toucha la bière; et ceux qui la portaient s'arrêtèrent; et il dit: Jeune homme, je te dis, lève-toi. Et le mort se leva sur son séant, et commença à parler; et il le donna à sa mère. Et ils furent tous saisis de crainte, et ils glorifiaient Dieu, disant: Un grand prophète a été suscité parmi nous, et Dieu a visité son peuple.*

*Et le bruit de ce fait se répandit à son sujet dans toute la Judée et dans le pays d'alentour. »*
*Luc 7:11-17*

- **Résurrection de Lazare, le frère de Marie et de Marthe** [51]

- **Sa propre résurrection** [52]

### 3. Jésus a défié la Nature

Jésus non seulement a défié toutes les lois de la nature telle que la pesanteur, mais il avait le pouvoir de transformer la nature des choses telles que :

- **Calmer la tempête**

*« Et quand il fut monté dans la barque, ses disciples le suivirent; et voici, une grande tourmente s'éleva sur la mer, en sorte que la nacelle était couverte par les vagues; mais lui dormait. Et les disciples s'approchèrent*

*et le réveillèrent, disant: Seigneur, sauve-nous! Nous périssons. Et il leur dit: Pourquoi êtes-vous craintifs, gens de petite foi? Alors, s'étant levé, il réprima les vents et la mer, et ce fut un grand calme. Et les gens s'en étonnèrent, disant: Quel est celui-ci, pour que les vents même et la mer lui obéissent!»*
*Mathieu.8 : 23-27.*

- ▪ **Marcher sur les eaux de la mer**

*« Et quand il eut renvoyé les foules, il monta sur une montagne à l'écart pour prier; et le soir étant venu, il était là seul. Or la nacelle était déjà au milieu de la mer, battue par les vagues, car le vent était au contraire. Et à la quatrième veille de la nuit, il s'en alla vers eux, marchant sur la mer. Et les disciples, le voyant marcher sur la mer, furent troublés, disant: C'est un fantôme. Et ils crièrent de peur. Mais Jésus leur parla aussitôt, disant: Ayez bon courage; c'est moi, n'ayez point de peur. »*
*Mathieu.14 23-27* [53]

- ○ Transformer l'eau en vin [54]
- ○ Alimentation de cinq mille personnes par la multiplication du pain et des poissons [55]
- ○ Échapper de la multitude hostile.
- ○ Ouvrir les yeux des aveugles

*« Et il vient à Bethsaïda; et on lui amène un aveugle, et on le prie pour qu'il le touche. Et ayant pris la main de l'aveugle, il le mena hors de la bourgade; et lui ayant craché sur les yeux, il posa les mains sur lui et lui demanda s'il voyait quelque chose. Et ayant regardé, l'homme dit: Je vois des hommes, car je vois comme des arbres qui marchent. Puis Jésus lui mit encore les mains sur les yeux et le fit regarder; et il fut rétabli, et voyait tout clairement. Et il le renvoya dans sa maison, disant: N'entre pas dans la bourgade, et ne le dis à personne dans la bourgade »*
*Marc 8:22-26*

### 4.    Jésus a le pouvoir sur le diable et tout esprit démoniaque

« *Et quand il arriva à l'autre rive, dans le pays des Gergéséniens, deux démoniaques, sortant des sépulcres, vinrent à sa rencontre; et ils étaient très-violents, en sorte que personne ne pouvait passer par ce chemin-là. Et voici, ils s'écrièrent, disant: Qu'y-a-t-il entre nous et toi, Jésus, Fils de Dieu? Es-tu venu ici avant le temps pour nous tourmenter? Et il y avait, loin d'eux, un grand troupeau de pourceaux qui paissait. Et les démons le priaient, disant: Si tu nous chasses, permets-nous de nous en aller dans le troupeau des pourceaux. Et il leur dit: Allez. Et eux, sortant, s'en allèrent dans le troupeau des pourceaux; et voici, tout le troupeau des pourceaux se rua du haut de la côte dans la mer; et ils moururent dans les eaux. Et ceux qui les paissaient s'enfuirent; et, s'en étant allés dans la ville, ils racontèrent tout, et ce qui était arrivé aux démoniaques* » Mathieu 8:28-33*

Non seulement Jésus a montré sa puissance à chasser les démons, mais il a également donné ce pouvoir à ses disciples pour qu'en son nom ils puissent également chasser les démons.

Voici quelques exemples :

### Guérison d'un homme muet possédé par des démons

« *Et comme ils sortaient, voici, on lui amena un homme muet, démoniaque. Et le démon ayant été chassé, le muet parla. Et les foules s'en étonnèrent, disant: Il ne s'est jamais rien vu de pareil en Israël*» Mathieu 9:32-33

« *Alors il lui fut amené un démoniaque aveugle et muet, et il le guérit; de sorte que l'homme aveugle et muet parlait et voyait. Et toutes les foules étaient hors d'elles et disaient: Celui-ci serait-il le fils de David? Mais les pharisiens, ayant entendu cela, dirent: Celui-ci ne chasse les démons que par Belzébul, chef des démons* » Mathieu12 :22-24.

## Chasser des esprits impurs [56]

### 5.    Jésus prouve son Omniscience

Jésus est—il omniscient au point de tout savoir, même les pensées secrètes des hommes.

Jésus vit Philippe pendant qu'il priait sous arbre à une distance où les yeux humains normaux ne pouvaient pas atteindre. Il a bien indiqué la vie de la femme samaritaine au puits de Jacob. *Jean 4:1-26* Jésus a prévu son propre cours de vie beaucoup de fois dans tout le Nouveau Testament. Comment il ira à Jérusalem, souffrira et sera tué ; et même comment il ressuscitera des morts le troisième jour.

Jésus a su les pensées secrètes de ses disciples et des personnes autour de lui.

*« Mais les pharisiens, ayant entendu cela, dirent: Celui-ci ne chasse les démons que par Belzébul, chef des démons. Et Jésus, connaissant leurs pensées, leur dit: Tout royaume divisé contre lui-même sera réduit en désert; et toute ville ou maison divisée contre elle-même ne subsistera pas. Et si Satan chasse Satan, il est divisé contre lui-même; comment donc son royaume subsistera-t-il?»*
*Mathieu12 :24-26.*

*Jean 4:16-19*, indique que Jésus a su les pensées secrètes des hommes.
*« Jésus lui dit: Va, appelle ton mari, et viens ici. La femme répondit et dit: Je n'ai pas de mari. Jésus lui dit: Tu as bien dit: Je n'ai pas de mari; car tu as eu cinq maris, et celui que tu as maintenant n'est pas ton mari; en cela tu as dit vrai. La femme lui dit: Seigneur, je vois que tu es un prophète. »*

Dans *Mathieu 16:6-12* Parlant de la levure du Pharisiens, les disciples l'ont mal compris et parlaient parmi eux-mêmes au sujet de ne pas apporter le pain à bord du bateau. Jésus a lu leur esprit et leur a répondu.

*« Et Jésus leur dit: Voyez, et soyez en garde contre le levain des pharisiens et des sadducéens. Et ils raisonnaient en eux-mêmes, disant: C'est parce*

*que nous n'avons pas pris du pain. Mais Jésus, le sachant, dit: Pourquoi raisonnez-vous en vous-mêmes, gens de petite foi, sur ce que vous n'avez pas pris du pain? N'entendez-vous pas encore, et ne vous souvient-il pas des cinq pains des cinq mille hommes, et combien de paniers vous en recueillîtes?*

*Ni des sept pains des quatre mille hommes, et combien de corbeilles vous en recueillîtes? Comment n'entendez-vous pas que ce n'était pas touchant du pain que je vous disais: Soyez en garde contre le levain des pharisiens et des sadducéens?*

*Alors ils comprirent que ce n'était pas contre le levain du pain qu'il leur avait dit d'être en garde, mais contre la doctrine des pharisiens et des sadducéens.»*

### 6.   Jésus prouve son omniscience

Nous sommes instruits dans *Jean 16:30* que Jésus connaissait toutes choses :

« *Maintenant nous savons que tu sais toutes choses, et que tu n'as pas besoin que personne te fasse des demandes; à cause de cela, nous croyons que tu es venu de Dieu.* »

*Et dans Colossiens 2:3 nous trouvons :*

« *. . . . Dans lequel sont cachés tous les trésors de la sagesse et de la connaissance.* »

### 7.   Jésus prouve son omniprésence

La Bible indique dans *Mathieu 18:20*

« *Car là où deux ou trois sont assemblés en mon nom, je suis là au milieu d'eux.* »

Là où deux ou trois sont recueillis ensemble au nom de Jésus, il est au milieu d'eux. Il a affirmé après sa résurrection *dans Mathieu 28:19-20*

*« Allez donc, et faites disciples toutes les nations, les baptisant pour le nom du Père et du Fils et du Saint Esprit, leur enseignant à garder toutes les choses que je vous ai commandées. Et voici, moi je suis avec vous tous les jours, jusqu'à la consommation du siècle.»*

*Nous voyons qu'il a promis d'être avec tous ses disciples (chrétiens)* jusqu'à l'extrémité du monde.

*« En ce jour-là, vous connaîtrez que moi je suis en mon Père, et vous en moi et moi en vous.»*
*Jean 14:20*

Nous lisons qu'il demeure dans chaque croyant.
Il ne demeure pas seulement en nous mais nous sommes parties de son corps. *Ephésiens1:22-23*, dit :

*« . . et il a assujetti toutes choses sous ses pieds, et l'a donné pour être chef sur toutes choses à l'assemblée, qui est son corps, la plénitude de celui qui remplit tout en tous».*

### 8.   Jésus est éternel

Pour être éternel, Jésus ne doit avoir ni commencement ni fin. Le premier chapitre de l'évangile de Jean est très clair à ce sujet : « *Au commencement était le verbe et le verbe était avec Dieu et le verbe était Dieu.* » Jean a dit que le verbe s'est fait chair et nous avons vu sa gloire. Ainsi le verbe est Jésus. Si Jésus est le verbe de Dieu et était Dieu, alors l'individu Jésus a existé avec Dieu. Dans *Jean8:58* Jésus dit:

*« En vérité, en vérité, je vous dis: Avant qu'Abraham fût, je suis ».*

Il est intéressant dès lors de noter que Jésus emploie le présent « que JE SUIS » et pas j'étais, se rendant égal à Dieu qui a dit a Moïse dans le buisson ardent « Et Dieu dit à Moïse: JE SUIS CELUI QUI SUIS.

Et il dit:

« *Tu diras ainsi aux fils d'Israël: JE SUIS m'a envoyé vers vous. JE SUIS CELUI QUI SUIS* » vous envoie.
*Exode 3:14*

Dans *Hébreux 13*:8, nous voyons que Jésus est éternel :

« *Jésus-Christ est le même, hier, et aujourd'hui, et éternellement . . .* »

Non seulement Jésus est éternel mais il est également la vie éternelle.

« *En vérité, en vérité, je vous dis: Celui qui croit en moi, a la vie éternelle.* »
*Jean6:47*

### 9. Jésus est immuable.

*Hébreux1:11-12 déclare que même si les cieux changent, le Seigneur Jésus ne change pas*

« *En vérité, en vérité, je vous dis: Celui qui croit en moi, a la vie éternelle*», *dit notre Seigneur Jésus Christ*

### 10. Jésus a vécu une vie sainte sur terre.

La bible indique que Jésus a été tenté en tous points par le diable mais le diable ne réussit pas.

Nous savons également que l'écriture indique qu'il n'a connu aucun péché. En fait une fois accusé devant Pilate ses accusateurs étaient incapables de convenir sur un chef d'accusation contre lui, et Pilate ne pouvait trouver aucune faute en lui.*Jean8:29*[57]

Non seulement Jésus a vécu une vie sans péché et parfaite, sa vie était entièrement soumise à Dieu le Père.

### 11. Jésus était un homme juste.
### Il était tout aussi juste que Dieu.

Un des attributs les plus importants de Dieu est sa capacité de nous juger c'est à dire sa droiture.

Jésus lui-même a proclamé qu'il sera celui qui jugera le monde. Dans le livre de *Jean 5:22-23* il est écrit :

«*Le Père ne juge personne, mais il a remis tout jugement au Fils, afin que tous honorent le Fils comme ils honorent le Père. Celui qui n'honore pas le Fils n'honore pas le Père qui l'a envoyé.* »

Maintenant que nous avons vu par les écritures que Jésus présente tous les attributs de Dieu, voyons ce que Jésus dit de lui-même. Dit-il de lui-même qu'il est Dieu où sont-ce les hommes qui l'ont fait Dieu ?

### 12. Jésus a été adoré et a volontiers accepté l'adoration.

Une des caractéristiques principales de la relation entre les dieux et les hommes est le culte.

L'humanité a toujours tendance à communiquer avec une divinité parce qu'il ne peut commander ni son présent immédiat ni son futur. L'homme ressent en lui à un vide et une certitude tels que seule une divinité peut remplir.

Ainsi l'homme commence à adorer son dieu pour attirer sa faveur espérant un meilleur lendemain.

Le Dieu Tout Puissant également est adore et loue et fait l'objet de culte. Dieu Jéhovah a été toujours adoré et identifié en tant que seul Dieu vrai jusqu'à ce que Jésus soit venu sur terre. Les écritures indiquent qu'à la naissance de Jésus, l'ange est apparu aux bergers annonçant sa naissance, leur recommandant d'aller l'adorer.

Les anges ont demandé d'aller adorer Jésus avant même que lui-même n'affirme être Dieu.

Les écritures disent que des rois mages (sages) de l'orient, guidés par une étoile, sont venus l'adorer.

*« Or, après que Jésus fut né à Bethlehem de Judée, aux jours du roi Hérode, voici, des mages de l'orient arrivèrent à Jérusalem, disant: Où est le roi des Juifs qui a été mis au monde? Car nous avons vu son étoile à l'orient, et nous sommes venus lui rendre hommage ».*
*Mathieu2:1-2*

Ainsi la création (l'étoile) était témoin de cet événement extraordinaire. Ceux qui ont reconnu la puissance divine en Jésus, sont toujours venus l'adorer avant de lui formuler leur demande.

*« Et voici, un lépreux s'approchant, se prosterna devant lui, disant: Seigneur, si tu veux, tu peux me rendre net»*
*Mathieu8:2*

*Les règles juives ont adoré Jésus.*

*« Comme il leur disait ces choses, voici, un chef de synagogue s'étant approché lui rendit hommage, disant: Ma fille vient de mourir, mais viens et pose ta main sur elle, et elle vivra. »*
*Mathieu 9:18.*

Jésus a été adoré par ses disciples. Après la marche sur l'eau de Pierre.

*« Et ceux qui étaient dans la barque vinrent et lui rendirent hommage, disant: Véritablement tu es le Fils de Dieu! »*
Mathieu14:33

L'homme possédé par le démon vivant dans la caverne a identifié la nature divine de Jésus à distance.

*« Et voyant Jésus de loin, il courut et se prosterna devant lui».*
*Marc 5:6*

Cette histoire contient deux révélations. La première est que l'homme a identifié Dieu son créateur en Jésus et a commencé à l'adorer. En plus, et de manière plus significative les esprits démoniaques dans l'homme

possédé et ont commencé à trembler à la vue de Jésus. Ils ont préfère se rendre à lui et à l'adorer de peur que, Jésus ne les envoyât dans l'abîme. La femme avec une fille souffrant de la possession de démons est venue pour adorer Jésus. » *Puis elle vint l'adorer et lui, dit Seigneur aide moi. ».*
Après l'ascension les disciples de Jésus l'ont adoré.

*« Et il arriva qu'en les bénissant, il fut séparé d'eux, et fut élevé dans le ciel. Et eux, lui ayant rendu hommage, s'en retournèrent à Jérusalem avec une grande joie. »*
*Luc24:51-52.*

Ainsi Jésus, de sa naissance à son ascension a été sans interruption adoré et il n'a jamais réprimé quiconque pour l'avoir adoré, il a ouvertement accepté leur adoration et l'a même recommandée.

Dans le livre de l'Apocalypse la bible nous révèle comment l'armée céleste adore Jésus de la même manière que Dieu le Père.

*« . . . Et les quatre animaux disaient: Amen! Et les anciens tombèrent sur leurs faces et rendirent hommage.»* Apocalypse *5:14*

## Examinons maintenant par les écritures ce que Jésus a dit de lui-même.

Jésus dit :

**1.  Je Suis l'alpha et l'Omega: le commencement et la fin**.
*Apocalypse 1:8*

**2.  Le Père et Moi sommes un**.
*Jean 10:30-33*

**3.  Avant qu'Abraham n'ait été je suis**.
*Jean 8:58*

*«Toutes choses m'ont été livrées par mon Père; et personne ne connaît le Fils, si ce n'est le Père; ni personne ne connaît le Père, si ce n'est le Fils, et celui à qui le Fils voudra le révéler.»*
*Mathieu 11:27*

Répondant à la question s'il était Christ c'est à dire l'oint de Dieu, le messie il dit :

*« Je le suis, moi qui te parle. »*
*Jean 4:26*

IL a réclamé la puissance et l'autorité de pardonner le péché

*« Or, afin que vous sachiez que le fils de l'homme à le pouvoir sur la terre de pardonner les péchés ...*
*alors IL dit au paralytique: Lève-toi, prends ton lit, et va dans ta maison»*
*Mathieu 9:6*

*« Je Suis le chemin, et la vérité et la vie; nul ne vient au Père que par moi. » Jean 14:6*

> *4. « Je suis le pain de vie. Celui qui vient à moi n'aura jamais faim; et celui qui croit en moi n'aura jamais soif»*
> *Jean 6:35*

*« Jésus donc leur parla encore, disant: Moi, je Suis la lumière du monde; celui qui me suit ne marchera point dans les ténèbres, mais IL aura la lumière de la vie »*
*Jean8: 12*

*« Moi, je rends témoignage de moi-même; et le Père qui m'a envoyé rend aussi témoignage de moi. »*
*Jean 8:18.*

5. **Je Suis d'en haut. Vous êtes de ce monde.**
*« Il prononça ces paroles, enseignant dans le temple; au lieu ou était le trésor ; et personne ne le prit, parce que son heure n'était pas encore venue. »*
*Jean 8:20.*

6. **Je ne Suis pas de Ce monde . . . . si vous ne croyez pas cela, vous mourrai dans vos péchés**
*« Je vous ai donc dit que vous mourrez dans vos péchés; car si vous ne croyez pas que c'est moi, vous mourrez dans vos péchés»*
*Jean 8:24*

7. **Je Suis La porte, si quelqu'un entre par moi, IL sera sauvé.**

*« je Suis le cep, vous, les sarments. Celui qui demeure en moi, et moi en lui, celui-là porte beaucoup de fruits; car, séparés de moi, vous ne pouvez rien faire »*
*Jean 15:5*

Ces affirmations de Jésus « JE SUIS » prouvent à suffisance qu'il est Dieu.

## Dieu le Saint Esprit

### Qui est l'Esprit Saint ?

L'Esprit Saint est identifié comme Dieu et représente toute la plénitude de la divinité agissant sur l'homme, le convainquant de péché et guidant le croyant en toute vérité.

*« Toutefois, je vous dis la vérité: Il vous est avantageux que moi je m'en aille; car si je ne m'en vais, le Consolateur ne viendra pas à vous; mais si je m'en vais, je vous l'enverrai. Et quand celui-là sera venu, il convaincra*

*le monde de péché, et de justice, et de jugement: de péché, parce qu'ils ne croient pas en moi; de justice, parce que je m'en vais à mon Père, et que vous ne me voyez plus; de jugement, parce que le chef de ce monde est jugé.*

*J'ai encore beaucoup de choses à vous dire; mais vous ne pouvez les supporter maintenant. Mais quand celui-là, l'Esprit de vérité, sera venu, il vous conduira dans toute la vérité: car il ne parlera pas de par lui-même; mais il dira tout ce qu'il aura entendu, et il vous annoncera les choses qui vont arriver. Celui-là me glorifiera; car il prendra de ce qui est à moi, et vous l'annoncera. Tout ce qu'a le Père est à moi; c'est pourquoi j'ai dit qu'il prend du mien, et qu'il vous l'annoncera. » Jean 16:7-15.La doctrine de la trinité n'est pas explicite dans le vieux testament, mais est plutôt impliqué. "Et Dieu dit: Faisons l'homme à notre image, selon notre ressemblance, et qu'ils dominent sur les poissons de la mer, et sur les oiseaux des cieux, et sur le bétail, et sur toute la terre, et sur tout animal rampant qui rampe sur la terre. »*
*Genèse1:26.*

*Mais la trinité est indiquée dans le nouveau testament*

*« Allez donc, et faites disciples toutes les nations, les baptisant pour le nom du Père et du Fils et du Saint Esprit . . . »*
*Mathieu 28 : 19.*

Même la création implique le concept de la trinité.

Dans la création nous avons l'espace, la matière et le temps dans une création. Dans l'espace nous avons la longueur, la largeur et la profondeur. Dans la matière nous avons l'énergie, le mouvement et le phénomène dans une substance. Dans le temps nous avons le passe, présent et le futur.

Dans l'homme nous avons le corps, l'âme et l'esprit.

Ceci s'appelle trichotomie.

*« Or le Dieu de paix lui-même vous sanctifie entièrement; et que votre esprit, et votre âme, et votre corps tout entiers, soient conservés sans reproche en la venue de notre Seigneur Jésus Christ. »*
*1 Théssaloniciens5:23*

Dans la trichotomie, le corps est la coquille externe, par laquelle s'exprime notre âme, c'est à dire la somme totale de notre personnalité, esprit, émotions et volonté.

L'esprit est placé en nous par Dieu et nous permet de communiquer avec lui. Quand nous obtenons notre salut l'Esprit Saint, placé en nous par Dieu, devient plus actif en nous. Cette activité intense de l'esprit rentre en conflit avec l'activité de la chair et notre âme doit faire un choix constant entre les désirs de la chair et la conviction de notre esprit.

Dans la trinité nous avons le Père, le Fils et l'Esprit Saint en un seul Dieu mais en parfaite harmonie.

Il n'y a aucune situation de conflit dans la trinité parce qu'à la fin c'est le même Dieu.

### Soyez attentifs à l'incitation de l'esprit saint

Les aspects les plus importants de notre puissance en esprit proviennent essentiellement de notre habilité à discerner l'esprit de Dieu nous incitant à penser, parler et agir selon la parole de Dieu. L'incitation de Dieu vient par :

- La lecture de la bible
- La Prière ardente
- La pieuse Prédication
- Les Conseils pieux

L'incitation de Dieu est manifestée à travers :

### 1. Notre Propension à faire le bien

*« Car c'est Dieu qui opère en vous et le vouloir et le faire, selon son bon plaisir»*
**Philippiens 2:13**

*« Car la grâce de Dieu qui apporte le salut est apparue à tous les hommes, nous enseignant que, reniant l'impiété et les convoitises mondaines, nous vivions dans le présent siècle sobrement, et justement, et pieusement »*
**Tite2 : 11-12**

## 2.  Notre intelligence par l'esprit de Dieu

*« Mais selon qu'il est écrit: Ce que l'œil n'a pas vu, et que l'oreille n'a pas entendu, et qui n'est pas monté au cœur de l'homme, ce que Dieu a préparé pour ceux qui l'aiment, mais Dieu nous la révélée par son Esprit; car l'Esprit sonde toutes choses, même les choses profondes de Dieu »*
*1 Corinthiens 2 : 9-10.*

*« Mais nous, nous avons reçu, non l'esprit du monde, mais l'Esprit qui est de Dieu, afin que nous connaissions les choses qui nous ont été librement données par Dieu »*
*1 Corinthiens 2:12.*

*« Or l'homme animal ne reçoit pas les choses qui sont de l'Esprit de Dieu, car elles lui sont folie; et il ne peut les connaître, parce qu'elles se discernent spirituellement »* *1Corinthiens 2 : 14*

## 3.  L'harmonie totale avec le message de la Bible

*« Desquelles aussi nous parlons, non point en paroles enseignées de sagesse humaine, mais en paroles enseignées de l'Esprit, communiquant des choses spirituelles par des moyens spirituels. »*
*1 Corinthiens 2:13*

## 4.  L'opposition aux désirs de base de notre nature inférieure

*« Car la chair convoite contre l'Esprit, et l'Esprit contre la chair; et ces choses sont opposées l'une à l'autre, afin que vous ne pratiquiez pas les choses que vous voudriez. Mais si vous êtes conduis par l'Esprit, vous n'êtes pas sous la loi »*
*Galates5 : 17-18.*

### 5. La dé focalisation des choses que nous considérions de grande importance.

*« Celui qui est fidèle dans ce qui est très-petit, est fidèle aussi dans ce qui est grand; et celui qui est injuste dans ce qui est très-petit, et injuste aussi dans ce qui est grand.»*
*Luc 16:10.*

*« Prenez-nous les renards, les petits renards qui ravagent les vignes, car nos vignes sont en fleur.»*
*Quantique2 : 15*

### 6. L'avertissement des situations de tentation

*« Ainsi, que celui qui croit être debout, prenne garde qu'il ne tombe »*
*1Corinthiens 10:12.*

*Veillez et priez, afin que vous n'entriez pas en tentation; l'esprit est prompt, mais la chair est faible.»*
*Mathieu 26:41*

### 7. *L'affaiblissement des désirs quand nous leur résistons et refusons de les obéir.*

*« Voici donc ce que je dis et témoigne dans le Seigneur, c'est que vous ne marchiez plus comme le reste des nations marche, dans la vanité de leurs pensées, leur entendement obscurci, étant étrangers à la vie de Dieu à cause de l'ignorance qui est en eux, à cause de l'endurcissement de leur cœur; et qui, ayant perdu tout sentiment moral, se sont livrés à la débauche, pour pratiquer avidement toute impureté.»*
*Éphésiens 4:17-19.*

*« N'éteignez pas l'Esprit; ne méprisez pas les prophéties. » 1Thessaloniciens 5:19-20*

### 8. La pureté morale

« *Bien-aimés, je vous exhorte, comme forains et étrangers, à vous abstenir des convoitises charnelles, lesquelles font la guerre à l'âme.*»
*1Pierre 2 :11.*

« *. . . parce que, ayant connu Dieu, ils ne le glorifièrent point comme Dieu, ni ne lui rendirent grâces; mais ils devinrent vains dans leurs raisonnements, et leur cœur destitué d'intelligence fut rempli de ténèbres: se disant sages, ils sont devenus fous, et ils ont changé la gloire du Dieu incorruptible en la ressemblance de l'image d'un homme corruptible et d'oiseaux et de quadrupèdes et de reptiles. C'est pourquoi Dieu les a aussi livrés, dans les convoitises de leurs cœurs, à l'impureté, en sorte que leurs corps soient déshonorés entre eux-mêmes*»
*Romains1:21-24*

### 9. La Production de caractère pieux

«*Mais le fruit de l'Esprit est l'amour, la joie, la paix, la longanimité, la bienveillance, la bonté, la fidélité, la douceur, la tempérance: contre de telles choses, il n'y a pas de loi* » *Galates5 : 22-23*

### 10. La production du sentiment de culpabilité

« *Et elles montrent l'œuvre de la loi, écrite dans leurs cœurs, leur conscience rendant en même temps témoignage, et leurs pensées s'accusant entre elles, ou aussi s'excusant) *», *Romains2 : 15*

# Exemples de l'incitation de l'Esprit Saint

Nous sommes incités :

- Au rejet des Pensées mauvaises,
- La retenue du commérage et du faux témoignage,
- Priez pour les personnes spécifiques

- ⏱ Écrire une lettre à une personne la remerciant, l'avertissant ou l'encourageant tout simplement.
- ⏱ Demander pardon à quiconque que nous avons offensé par nos paroles, nos actions, ou notre attitude.
- ⏱ Marcher loin des personnes mauvaises qui ont des motifs faux.
- ⏱ Donner nos possessions au Seigneur ou à ceux qui sont dans le besoin.
- ⏱ Passer le temps lisant la bible.
- ⏱ Jeûner et prier.

Les manières les plus efficaces d'augmenter votre vigilance spirituelle est le jeûne combiné avec la mémorisation de la parole de Dieu. C'était de cette même manière que l'Esprit Saint a emmené le Seigneur Jésus-Christ à résister pendant sa tentation dan le désert. Jésus a promis que si nous jeûnons secrètement, Dieu nous récompensera ouvertement.

*« Je ne me suis pas retiré du commandement de ses lèvres; j'ai serré par devers moi les paroles de sa bouche plus que le propos de mon propre cœur »*
*Job23:12*

*« Que, si notre cœur nous condamne, Dieu est plus grand que notre cœur et il sait toutes choses. Bien-aimés, si notre cœur ne nous condamne pas, nous avons l'assurance envers Dieu»*
*1Jean3:20-21.*

# CHAPITRE XVII

## Demeurez dans la grâce abondante de Dieu !

Demeurer en Christ c'est avant tout développer un caractère pieux.

### Qu'est ce donc un caractère ?

Un caractère est la somme totale de toutes dispositions mentales, émotives, physiques et spirituelles qui conditionnent comment nous pensons, parlons et agissons. La manière dont nous parlons et nos actes deviennent nos habitudes. Nous commençons généralement à développer des habitudes, bonnes ou mauvaises dès notre naissance.

Au moment de notre nouvelle naissance, (salut) notre esprit, notre cœur et notre âme sont régénérés et rendus fertiles pour commencer à développer des habitudes comme Christ, et qui reflètent qui nous sommes devenus en Christ. La Bible indique qu'en toute chose nous devons développer des habitudes comme Christ. Nous sommes donc des imitateurs de christ, ce faisant, nous finissons par connaître le Christ personnellement et intimement.

*« ... Simon Pierre, esclave et apôtre de Jésus Christ, à ceux qui ont reçu en partage une foi de pareil prix avec nous, par la justice de notre Dieu et*

*Sauveur Jésus Christ: Que la grâce et la paix vous soient multipliées dans la connaissance de Dieu et de Jésus notre Seigneur! Comme sa divine puissance nous a donné tout ce qui regarde la vie et la piété, par la connaissance de celui qui nous a appelés par la gloire et par la vertu, par lesquelles il nous a donné les très-grandes et précieuses promesses, afin que par elles vous participiez de la nature divine, ayant échappé à la corruption qui est dans le monde par la convoitise.»*
*2Pierre1:1-4.*

Développer un caractère comme Christ signifie adopter dans nos vies sa façon de penser, parler et agir. Notre but dans ce guide c'est de récapituler sous une forme cohérente les qualités et les capacités qu'un prêtre/ministre devrait avoir, devenir et rester un récipient propre, pour l'usage de Dieu. Ce sont des qualités de vie qui englobent notre identité chrétienne. Il est vrai que les développer ces types de caractère prennent du temps, mais nous devons accepter la responsabilité et prendre la résolution de nous assurer qu'ils seront effectivement développés pendant dans notre vie.

## Comment développons-nous un caractère comme Christ ?

Le caractère Christ est une somme de qualités de transformation de la vie qui approfondit notre expérience chrétienne, et nous permet de plaire à Dieu.
Elles ne peuvent pas être développées ou maintenues indépendamment du Christ. La liste de ces qualités de caractère, que nous pouvons développer surtout en tant qu'hommes de Dieu, est inépuisable.

Mais ces douze catégories représentent les douze tribus d 'Israël et sont symbolisées par différents types de pierres précieuses, chacune avec sa signification symbolique.

1. L'attitude de louange, et qui correspond à la tribu de **Juda**.
2. Le Rejet des offenses, et qui correspond à la tribu **d'Issacar**.
3. Demeurer en Christ, et qui correspond à la tribu de **Zabulon**

4. Combattre nos craintes, et qui correspond à la tribu de **Nephtali**
5. Se réjouir avec d'autres, ne pas les convoiter, et qui correspond à la tribu de **Gad**
6. Résister à l'incrédulité, afin de recevoir la puissance de Dieu, et qui correspond à la tribu d'**Éphraïm**
7. Arranger et non garder de l'amertume, et qui correspond à la tribu de **Siméon**
8. Garder son Sang-froid, et qui correspond à la tribu de **Ruben**
9. Persévérer et être patient, et qui correspond à la tribu de **Manassé**
10. Observer la Sainteté personnelle afin d'écouter Dieu, et qui correspond à la tribu de **Dan**
11. Pratiquer la Bonté affectueuse envers autrui, et qui correspond à la tribu d'**Asher**
12. Intercéder et non condamner, et qui correspond à la tribu de **Benjamin**

Le caractère est l'une des qualités qui différencient une personne des autres et c'est une question de cœur.

Le caractère pieux est un alignement entre la croyance et l'action, que notre langage au sujet de la foi et de nos convictions, correspondent à notre comportement en public et en privé. Quotidiennement nous sommes témoins des décalages de caractère chez des personnes, qui semblent bonnes extérieurement et pour qui tout semble bien aller.
Cependant, chaque fois que quelqu'un leur fait du tord, leur caractère est affaibli et ces personnes finissent par détruire toute la réputation dont elles jouissaient.
Le caractère pieux n'est pas une question d'apparence ni de charisme; car Dieu examine toujours le cœur.

*« Et l'Éternel dit à Samuel: Ne regarde pas son apparence, ni la hauteur de sa taille, car je l'ai rejeté; car l'Éternel ne regarde pas ce à quoi l'homme regarde, car l'homme regarde à l'apparence extérieure, et l'Éternel regarde au cœur. »*
*1Samuel 16:7.*

En développant le caractère Christ, nous inscrivons dans nos cœurs un changement perpétuel qui peut parfois être douloureux et inconfortable.

## 1. Adoptez toujours une attitude d'éloge (Juda/rubis)

**Juda veut dire louange, sur le plan caractériel cela traite du mécontentement et est symbolisé par la pierre rubis.**

*Psaume 34:1* dit « *Je bénirai l'Éternel en tout temps; sa louange sera continuellement dans ma bouche.*».

Ceci exactement devrait être notre attitude quotidienne, parce que le Seigneur Jésus Lui-même n'a jamais raté aucune occasion de louer le Père. En fait la louange est toujours assortie de gratitude. La Bible indique qu'en toutes choses nous devrions mercier Dieu. Nous devrions remercier et louer le Seigneur pour sa bonté et sa compassion. Nous devrions remercier et le louer pour chaque petite chose ; des choses que nous savons et des choses nous ne savons pas. Nous ne pouvons jamais appréhender toutes les choses que Dieu fait quotidiennement en notre faveur. Il est là quand les gens parlent de nous, quoique nous ne soyons pas physiquement présents, il est là et intervient en notre faveur. Quand le mal est projeté contre nous, il est là pour s'y opposer spirituellement avant qu'il ne se manifeste dans le naturel.

Il envoie des anges en grand nombre pour veiller sur nous lorsque nous dormons et ne sommes pas vraiment conscient de notre environnement immédiat. Quel Père merveilleux est-il ! Il prend soin de nous sans somnoler ni dormir ! Il mérite notre gratitude et notre louange éternellement, Amen !

## 2. Rejet des Offenses (Issacar/Topaze)

**Issacar signifie la récompense, sur plan caractériel cela traite des offenses et est représenté par la pierre Topaze.**

Nous ne devons pas nous conformer à ce monde ni à nos propres pensées négatives. Ces pensées négatives mènent à des actions négatives. La question est de savoir, si nous confessons, nous repentons et continuons ou si nous confessons, nous repentons et maintenons le statu quo, et nous maintenir dans la culpabilité et la honte continuelles pour une faute que le Seigneur a déjà pardonnée ? Il est plus facile de pardonner autrui que de se pardonner soi-même. Par conséquent, nous devons pratiquer ces principes de pardon sans nous soucier de celui qui est impliqué. Ceci nous permet de prendre nos pensées captives d'une façon plus efficace. La Bible est claire en ce qui se produit quand nous ne pardonnons pas. Quand nous ne pardonnons pas, l'ennemi a des raisons de nous tourmenter ainsi que nos pensées. La bataille spirituelle peut être féroce. La capacité de prendre ses pensées captives devrait commencer par un examen de cœur, à savoir si un quelconque refus de pardonner a trouvé endroit d'habitation dans notre cœur. Nous pardonnons souvent mais n'oublions pas.

*1 Jean 1:9* dit ceci:

« *Si nous confessons nos péchés, il est fidèle et juste pour nous pardonner nos péchés et nous purifier de toute iniquité* »

En d'autres termes, nous ne nous pardonnons pas et évoluons. Au lieu de cela nous continuons à nous appeler malpropres. Ceci crée une occasion favorable pour que l'ennemi travaille librement la honte et la culpabilité dans le tissu de nos vies. Si nous avons un complexe d'infériorité ou avons subi une vie de critique et de désapprobation, nous croyons souvent chaque pensée négative qui nous vient entendons et ignorons les positives. C'est où intervient le discernement. Plus une personne est dans la parole de Dieu plus il aura le discernement. Rappelons nous ceci, que l'Esprit Saint ne vient pas pour condamner.

### 3. Demeurer en Christ. (Zabulon/Béryl)

**Zabulon signifie demeurer, sur plan caractériel cela traite du rejet et est représenté par la pierre Béryl.**

La partie la plus importante dans notre relation avec Jésus Christ est de demeurer en lui. Plus nous demeurons en Christ, plus nous aurons la paix, la victoire sur le péché et toutes les adversités de la vie.

## Que signifie demeurer en Christ ?

Demeurer signifie attendre, supporter sans rouspéter, endurer patiemment, accepter sans objection, rester stable ou fixe dans un état, continuer sur place.

Aussi, demeurer en Christ exige un *état passif* et non actif. L'action par rapport à la marche chrétienne, c'est par exemple : lire la bible, allé à l'église, priée, étant témoin, faire de bonnes œuvres, résisté aux péchés, etc. Ce sont des choses que nous devrions faire. Si nous ne faisons pas ces choses notre marche avec Dieu et d'autres sera vaine. Cependant, si nous faisons ces choses, juste parce que nous y sommes contraints, ou que nous les faisons de notre propre force, nous n'aurons pas la victoire ou la paix et n'aurons pas de rapport intime avec le Christ.

Par conséquent, si nous ne faisons pas attention, nous deviendrons des travaux orientés au lieu de Christ orienté. Demeurer en Christ est donc un mode passif.

Nous ferons toujours les choses que Dieu nous a appelés à faire, mais cette fois, avec sa force.

Demeurer en Christ c'est d'avoir un rapport intime avec lui. Le rapport est plus important que les choses que nous faisons ou ne faisons pas. Plus nous demeurons en lui, plus nous serons fidèles. Nous entendrons le son clair de sa voix en nous. Par conséquent ne soyons pas des travailleurs orientés, au risque de perdre la paix dans notre vie. Demeurer en Christ c'est expérimenter sa présence.

### 4. Combattre nos Craintes. (Nephtali/jaspe)

**Nephtali signifie ma lutte. Sur plan caractériel cela traite des craintes et est représenté par la pierre de jaspe.**

*2Timothée 1:7* dit que Dieu ne nous a pas donné un esprit de peur, mais de pouvoir et d'un esprit sain. C'est très clair, la peur ne vient pas de Dieu, mais du diable.

Ainsi nous devons maintenir les pensées de peur captives dans notre esprit, les réprimer et les remplacer avec un esprit sain. La peur est l'opposé de la foi. Dès que la peur se manifeste dans notre esprit, nous devons lui opposer la foi. La peur est utilisée par l'ennemi pour déstabiliser notre foi. Mais quand nous sommes forts dans le Seigneur et dans sa puissance, nous sommes plus que des conquérants en Christ Jésus. Par conséquent, il est nécessaire de demeurer en Christ l'espoir de la gloire. Nous ne devons jamais céder la place à l'esprit de peur mais plutôt nous remplir des promesses de Dieu. Bien que les choses puissent sembler impossibles dans le naturel, nous savons et nous avons l'assurance ferme que toutes les choses concourent au bien de ceux qui aiment Dieu. Par conséquent la victoire sera à nous à jamais Amen !

### 5. Se réjouir avec d'autres, ne pas convoiter. (Gad/diamant)

**Gad veut dire la bonne fortune, sur plan caractériel cela traite de jalousie et est représenté par la pierre diamant.**

En tant que chrétiens, il est de la plus grande importance, que nous nous réjouissons avec nos prochains pour les grâces reçues de Dieu, sinon comment nous serait-il possible d'intercéder en leur faveur? Si par exemple nous prions pour que Dieu accorde un abri à quelqu'un et que miraculeusement Dieu lui donne un château, devons-nous alors devenir jaloux de lui ?

Au contraire, nous devrions remercier Dieu de ce que ce frère ou cette sœur ait reçu cette bénédiction divine ; parce qu'en temps opportun nous récolterons également.

Cela peut ne pas être une maison ; cela peut être toute autre chose que Dieu considère nécessaire pour nous.

Notre bénédiction peut être par exemple une guérison miraculeuse que tout l'or du monde ne peut acheter.

En fait notre attitude devrait être que partout ou nous voyons de la croissance, de la vertu, de la discipline spirituelle, une certaine bonne habitude, ou une bonne attitude, nous devrions nous réjouir, remercier Dieu et complimenter le frère ou la sœur en question.

Adoptons donc une attitude contraire à celle de Caïn. Soyons inspirés par les bontés des autres.

Montrons de l'amour à la place de la haine, parce que l'amour est humble, il se réjouit des bontés d'autres personnes. L'amour ne cache pas ses propres insuffisances, mais prend des mesures pour les corriger.

Quelle belle camaraderie serait ce, si chacun se réjouissait du succès de chacun et ne faisait pas cas des offenses ! Quel corps merveilleux du Christ formerions-nous, si chaque ministre peut mettre en application une telle atmosphère dans sa congrégation!

C'est cela l'amour de Dieu.

### 6.  Résistance de l'incrédulité afin de recevoir de Dieu. (Éphraïm/ Jacinthe)

**Éphraïm veut dire la double portion, sur plan caractériel cela traite de l'incrédulité et est représenté par la pierre Jacinthe.**

Résistance à l'incrédulité c'est rester fort dans la foi quoi qu'il advienne. La foi est la base de notre rapport avec Dieu. Sans foi, nous ne pouvons même pas commencer notre relation avec Dieu. Nous devons croire qu'il existe, récompensant ceux qui le cherchent diligemment.

Nous devons nous développer dans la connaissance de Jésus Christ, parce que c'est la base sur laquelle la croissance est établie. Résister à l'incrédulité c'est tout simplement croire et avoir confiance en Dieu et en Jésus-Christ. Sans foi, il est impossible de plaire à Dieu.

Nous devons d'abord croire qu'il existe, parce que Dieu ne prend pas plaisir en ceux qui manquent de foi.

La foi est l'élément fondamental de notre salut et de notre relation avec Dieu. C'est la clef qui ouvre la porte du salut. C'est La force de motivation derrière notre vie d'adoration. La foi est notre source de puissance que c'est notre source d'énergie. La puissance est disponible à ceux qui croient.

« *les yeux de votre cœur étant éclairés, pour que vous sachiez quelle est l'espérance de son appel, et quelles sont les richesses de la gloire de son héritage dans les saints, et quelle est l'excellente grandeur de sa puissance envers nous qui croyons, selon l'opération de la puissance de sa force, qu'il a opérée dans le Christ, en le ressuscitant d'entre les morts;(et il l'a fait asseoir à sa droite dans les lieux célestes* »
*Éphésiens 1:18-20.*

Croire en la parole de Dieu, c'est croire en ses promesses. C'est tout simplement avoir confiance en Dieu et en Jésus concernant des choses non encore visibles ou tangibles mais pour lesquelles nous espérons qu'elles se réalisent. Nous devons d'abord croire qu'il(Dieu) existe, récompensant ceux qui le cherchent diligemment. C'est la base même sur laquelle nous devons établir notre rapport étroit avec Dieu et le Christ. Cela s'appelle marcher par la foi.

**Marchez par la foi, et non pas par vue**, ne veut pas dire avoir une foi sans visibilité. Puisque la foi vient de la parole de Dieu, nous devons être diligents en lisant la bible.

Si nous voulons que notre foi devienne plus forte, nous devons nous préserver du péché de l'incrédulité et maintenir notre foi. La foi est maintenue par la lecture constante ou l'écoute consente de la parole de Dieu.

Nous devons également fuir le matérialisme, parce que l'attachement anormal aux choses de ce monde, mine notre foi. Enfin nous devons combattre le bon combat de la foi qui est la meilleure défense contre les offenses. Soyez donc actifs dans la propagation de la foi!

### 7. Montrer une attitude de connaissance spirituelle et non d'amertume (Siméon/saphir)

**Siméon signifie l'audition, sur le plan caractériel cela traite de l'amertume et est représenté par la pierre saphir.**

Les habitudes prennent du temps à se développer. Il faut une pratique constante avant qu'elles deviennent des routines indélogeables en nos vies. L'habitude pieuse de connaissance spirituelle est formée par la lecture et l'étude régulière de la Bible, la méditation et la prière.

Par la connaissance spirituelle nous recevons la vérité qui nous forme pour les choses que Dieu a projetées spécialement pour chacun de nous.

C'est par la connaissance spirituelle que nous pouvons faire des corrections le cours des événements dans notre vie, surmonter la puissance du péché, et recevoir l'instruction pieuse sur la façon dont nous devons vivre victorieusement. Avoir la connaissance principale des Écritures ou de diverses méthodes de prière n'est pas assez ; nous devons expérimenter la puissance de la parole, être remplis de toute sa sagesse et l'appliquer à nos circonstances.

Ceci ne peut être obtenu par notre volonté, notre intellect ou en prenant des cours. Ce n'est qu'en développant une relation personnelle avec le Christ que nous pouvons recevoir la connaissance spirituelle. Si nous avons soif de connaître Dieu de la bible personnellement et intimement, nous pouvons permettre la formation de l'habitude pieuse de la connaissance spirituelle en faisant ce qui suit.

Avant la lecture des Écritures, nous devrions demander à Dieu de nous parler à travers sa parole, et puis ouvrons notre esprit et notre cœur, pour recevoir l'instruction, et vivons les Écritures. Tout en lisant, nous devrions chercher la perspicacité et la sagesse pour appliquer ce que nous étudions aux circonstances de notre vie.

Nous devrions méditer sur les nombreuses promesses et bénédictions promises par Dieu, et prier sans cesse, quand les choses vont bien et même dans les épreuves.

## 8.  Le sang-froid et non la colère. (Manassé/agate)

**Manassé signifie chercher à oublier, sur le plan caractériel cela traite de la colère et est représenté par la pierre agate.**

On ne peut pas être un ministre de Jésus sans exercer le sang-froid. Le contrôle de soi est plus facile à dire qu'à faire. Il y a un conflit permanent entre notre esprit et notre chair. C'est un défi que tout un chacun de nous doit relever en permanence dans sa vie. Nous y sommes même constamment exposés. Le contrôle de notre langue (organe) en est un exemple épatant de l'exercice de sang-froid.

Il y a une guerre entre la chair et l'âme. Pourtant il y a de l'espoir en Christ, Amen !

La colère ne peut pas être une solution, mais peut être un problème réel. Le sang-froid permet à Dieu d'être aux commandes de notre volonté et de notre cœur.

Le contrôle de soi est une composante normale de la croissance dans le caractère de Jésus. Tout comme la foi sans les œuvres est morte, aussi la foi sans le sang-froid est sans signification. Essayer d'obtenir l'excellence n'est pas possible sans discipline et sang-froid.

Plus nous exerçons notre sang-froid, plus nous réussirons à développer ce caractère essentiel à la vie chrétienne authentique. Cela commence par la soumission et l'engagement à Dieu ; lui faisant confiance pour fournir ce qui est nécessaire au renouvellement de notre esprit et de notre cœur, ce qui produit le vrai sang-froid.

Graduellement, la puissance de l'Esprit Saint commence à remplacer nos mauvaises habitudes comme l'égoïsme, la non indulgence, l'avarice et la fierté, par le fruit de l'esprit. Si notre esprit est constamment remplacé, nous devenons lents à parler et nous nous abstenons à répondre sous le coup de la colère.

## 9. Adoptez une attitude de persévérance, de patience en temps de secousse (Ruben/turquoise)

**Ruben signifie, vision du fils et traite sur le plan caractériel de secousse, de décalage et est représenté par la pierre turquoise.**

La bible indique dans *Luc13:24*

« *Et il leur dit: Luttez pour entrer par la porte étroite; car beaucoup, je vous le dis, chercheront à entrer et ne pourront pas.*»

Il va nous coûter de gros efforts de continuer dans la foi, la gloire, la cherche de l'honneur et de l'immortalité ; il va nous coûter la résistance ferme. La résistance ferme est employée à de nombreuses occasions dans les Écritures pour exprimer l'importance impressionnante de continuer dans la foi dans l'intérêt de notre salut.

*« Mais ce qui est dans la bonne terre, ce sont ceux qui, ayant entendu la parole, la retiennent dans un cœur honnête et bon, et portent du fruit avec patience»*
*Luc8:15.*

La parabole du semeur a expliqué : seulement ceux qui par la résistance ferme, construirons sur le rocher solide de la vérité resteront sauvés.

*« Car nous avons été sauvés en espérance: or une espérance qu'on voit n'est pas une espérance; car ce que quelqu'un voit, pourquoi aussi l'espère-t-il? Mais si ce que nous ne voyons pas, nous l'espérons, nous l'attendons avec patience.»*
*Romains8 : 24-25.*

Nous attendons ardemment et avec espoir la vie éternelle en résistant fermement. La résistance, la diligence et la persévérance fermes au milieu des épreuves et des tribulations, constituent les substances qui font le tissu de la véracité de notre appel comme hommes de Dieu.

*« C'est pourquoi, nous aussi, ayant une si grande nuée de témoins qui nous entoure, rejetant tout fardeau et le péché qui nous enveloppe si aisément, courons avec patience la course qui est devant nous»*
*Hebreux12:1.*

Laissons de côté chaque poids du péché qui nous attrape tellement facilement et poursuivons avec résistance ferme la course sur le chemin de la vie qui nous reste à parcourir! « Jésus-Christ a dit,

*« . . . si du moins vous demeurez dans la foi, fondés et fermes, et ne vous laissant pas détourner de l'espérance de l'évangile que vous avez ouï, lequel a été prêché dans toute la création qui est sous le ciel, et duquel moi, Paul, je suis devenu serviteur »*
*Colossiens 1:23.*

Toutes les habitudes se développent graduellement et deviennent indélogeables dans nos vies.

Les mauvaises habitudes aiment tomber les dernières, abandonnant face à l'adversité, de sorte qu'il devienne difficile de les déraciner. Prenons la résolution, ayons la ténacité et la détermination de transformer ces mauvaises habitudes en bonnes. Ce qui est nécessaire, c'est l'habitude pieuse de la persévérance patiente, la capacité d'embrasser l'adversité et de tenir le coup jusqu'à ce que les épreuves, la douleur et les difficultés aient effectué leur travail prévu.

Il est dit que nous ne pouvons pas recevoir de message sans le désordre.

Patiemment, la résistance dans les épreuves et la souffrance (le désordre) nous permettent de nous identifier avec le Christ.

*« Pour le connaître, lui, et la puissance de sa résurrection, et la communion de ses souffrances, étant rendu conforme à sa mort»*
*Philippiens3:10*

constituant un témoignage vivant (message) qui attire les autres vers lui. Par conséquent nous devons faire confiance et compter sur Dieu au lieu de nous-mêmes en :

- ◦ Acceptant l'épreuve ou l'adversité en le laissant faire son travail sur nous et non contraindre ou dire, « pourquoi moi? » Dieu l'a conçue spécifiquement pour approfondir notre témoignage.
- ◦ Persévérant dans l'épreuve, comme Jésus, quand il fut confronté à la mort sur la croix.
- ◦ Acceptant par la foi que Dieu ne laissera pas l'épreuve continuer un seul instant après le temps nécessaire pour accomplir ses desseins.

## 10. Essayer d'obtenir la sainteté personnelle (Dan/Chrysolite)

**Dan veut dire juger ou jugement, traite sur le plan caractériel de discernement entre le bien et le mal et est représenté par la pierre Chrysolite.**

Nos comportements ou actions deviennent notre caractère, une fois qu'ils ont été: vécus à plusieurs reprises ou diligemment pratiqués.

Nous devenons personnellement être saints, si nous désirons ressembler à Christ. Les Écritures nous indiquent que nous sommes loin d'être saints. Si nous désirons vraiment voir Dieu, nous devons pratiquer la sainteté personnelle; parce que Dieu est saint, et seulement ceux qui sont saints peuvent le voir.

L'Esprit Saint nous autorise et nous permet de vivre une vie sainte, mais nous devons lui donner la priorité et avoir un désir intérieur de travailler avec lui. La sainteté personnelle n'est pas un événement jetable. Chaque chrétien est appelé a démonter aux yeux du monde, et à travers sa manière de vivre, les normes saintes de Dieu. Ce qui signifie que notre témoignage devrait s'aligner avec nos actes.

Les mauvaises amitiés, connaissances et compagnies augmentent nos chances d'être défiés. Notre esprit doit être remplacé quotidiennement pour pratiquer la sainteté personnelle. Nous devrions rechercher ardemment Dieu et tout mettre en œuvre pour le trouver chaque jour. Quand nous faisons la rechercher une priorité et devenons sérieux au sujet de sa quête. Il sera là avec les réponses dont nous avons besoin tout comme il nous l'a promis.

Nous pouvons seulement réussir comme ministres, si nous nous déplaçons en confiance et selon Christ de sorte que finalement Dieu puisse nous faire confiance et dépendre de nous. Laissez Dieu accomplir ses buts par nous. Nous avons été choisis en tant que ses outils pour accomplir ses buts et pour atteindre d'autres avec l'Évangile du Christ. Rendons-nous disponibles à lui. Il travaillera la sainteté en nous. Ainsi par nous d'autres pourront le voir clairement et le recevoir de lui.

### 11. Témoigner de la bonté affectueuse envers d'autres. (Asher/ Onyx)

**Asher signifie heureux, et traite sur le plan caractériel de la tristesse et est représenté par la pierre Onyx.**

La capacité d'aimer vient de Dieu ; parce que Dieu est amour.
L'amour de Dieu est démontré quand nous plaçons le bien-être des d'autres au dessus de tout. Ceci un commandement pour tous les croyants.

La bonté affectueuse doit être démontrée non seulement à d'autres chrétiens, mais également à ceux qui ne connaissent pas le Christ.

Si nous n'exprimons pas d'amour pour les autres, alors nous aurons du mal à comprendre l'amour de Dieu pour nous. Comment devrions-nous favoriser l'amour de Dieu ? En témoignant aux autres, de l'hospitalité de l'amitié et de la compassion à ceux qui sont blessés ou affligés ; en étant généreux envers ceux qui sont dans le besoin, en partageant notre temps, notre argent et d'autres ressources avec eux. Pendant que nous nous concentrons sur leur bien-être, d'autres voient l'amour et la compassion de Dieu s'exprimer par nous. En étant franc et sincère en amour et dans nos amitiés. La bonté affectueuse ou son manque est clairement visible quand nous nous occupons des personnes en difficulté ou quand au contraire nous manipulons le conflit. Au lieu de rejeter la personne, nous devrions l'écouter d'abord pour obtenir une perspective équilibrée des réalités. Les habitudes pieuses ne sont pas des choses que vous faites et qui peut être enregistrées à votre actif. Ce sont des qualités qui doivent composer votre identité chrétienne. Tandis que les développer prendra du temps, nous devons néanmoins accepter la responsabilité et prendre l'engagement de veiller à ce qu'elles se développent pendant notre vie.

## 12. Intercéder et ne pas condamner. (Benjamin/améthyste)

**Benjamin veut dire le fils de ma main droite, traite sur le plan caractériel de la condamnation et est représenté par pierre améthyste.**

Le rôle d'un chrétien en général et d'un ministre en particulier, n'est pas de condamner les gens, mais plutôt de prier pour eux et d'intercéder en leur faveur auprès de Dieu. Nous devons chercher la face de Dieu constamment en leur faveur, prié que l'Esprit Saint les convaincra de leur péché et les amènera à se corriger et se repentir en Christ Jésus.

Qui sommes-nous pour juger d'autres personnes ?, Sommes-nous si justes pour oser condamner d'autres ? Laissons la place à l'Esprit Saint de faire son travail, et concentrons sur le nôtre, qui est d'intercéder pour d'autres personnes. La grâce de Dieu est sa volonté de nous démontrer sa compassion. C'est son amour agapè en action. La pitié est négative mais l'amour est positif ; tous les deux donnent ensemble la grâce. Ainsi la grâce montre la pitié dans l'amour.

Dieu a montré la pitié dans l'amour quand il a envoyé son fils mourir pour nos péchés sur la croix.

### Comment la grâce de Dieu est-elle manifestée ?

🕐 **La grâce de Dieu sauve pour toujours**

*« Car la grâce de Dieu qui apporte le salut est apparue à tous les hommes»*
*Tite2:11*
*« Car je suis assuré que ni mort, ni vie, ni anges, ni principautés, ni choses présentes, ni choses à venir, ni puissances, ni hauteur, ni profondeur, ni aucune autre créature, ne pourra nous séparer de l'amour de Dieu, qui est dans le Christ Jésus, notre Seigneur»*
*Romains 8:38-39*

🕐 **La grâce de Dieu est sans conditions**

🕐 **La grâce de Dieu est suffisante.**

*« Et il m'a dit, ma grâce est suffisante pour toi: car ma puissance est rendue parfaite dans la faiblesse. Je me glorifierai donc plutôt dans mes infirmités, afin que la puissance du Christ repose sur moi.»*
*2Corinthiens12:9*

🕐 **La grâce de Dieu n'est ni respectueuse des personnes, ni de races, ni de couleurs.**

*« Et l'Esprit et l'Épouse disent : viens. que celui aussi qui l'entend, dise: viens; et que celui qui a soif, vienne; et quiconque veut de l'eau vive, en prenne, sans qu'elle lui coûte rien.»*
*Apocalypse 22:17*

◷ **La grâce de Dieu justifie**

> « *Celui qui vaincra, je le ferai asseoir avec moi sur mon trône, ainsi que j'ai vaincu, et je suis assis avec mon Père dans son trône.*»
> *Apocalypse 3:21*

◷ **La grâce de Dieu rend le croyant cohéritier avec Jésus.**

> « *afin que, ayant été justifiés par sa grâce, nous devinssions héritiers selon l'espérance de la vie éternelle*»
> *Tite3 : 7*

◷ **La grâce de Dieu enseigne au croyant comment vivre**

# CHAPITRE XVIII

## Partagez la parole de Dieu et cherchez à sauver une âme.

La bible indique dans le livre de *Jean1:1*

*« Au commencement était la Parole; et la Parole était auprès de Dieu; et la Parole était Dieu.»*
*Remarquez dans le vers 14 qu'il dit :*

*« Et la Parole devint chair, et habita au milieu de nous (et nous vîmes sa gloire, une gloire comme d'un fils unique de la part du Père) pleine de grâce et de vérité».*

Il est clair que la parole c'est Jésus, le Christ, et le Messie. Ainsi la parole est une personne et cette personne à un nom qui est au-dessus de tout nom, ce nom est Jésus.
Il y a la puissance dans le nom de Jésus.

### i.    La parole Donne la puissance.

*«C'est l'Esprit qui vivifie; la chair ne profite de rien: les paroles que moi je vous ai dites sont esprit et sont vie » Jean6:63*

### ii.    La parole donne la foi.

« *À tous les bien-aimés de Dieu qui sont à Rome, saints appelés: Grâce et paix à vous, de la part de Dieu notre Père et du Seigneur Jésus Christ!*» *Romains 10:17*

### iii.    La parole donne la santé.

« *Il a envoyé sa parole et les a guéris, et les a retirés de leurs fosses*» *Psaumes 107:20*

### iv.    La parole donne la lumière.

« *L'entrée de tes paroles illumine, donnant de l'intelligence aux simples* » *Psaumes 119:130*

### v.    La parole purifie.

« *Vous, vous êtes déjà nets, à cause de la parole que je vous ai dite*» *Jean 15 :3 afin qu'il la sanctifiât, en la purifiant par le lavage d'eau par la parole*» *Éphésiens 5 :26*

### vi.    La parole donne la nourriture spirituelle.

« *Rejetant donc toute malice et toute fraude, et l'hypocrisie et l'envie, et toutes médisances, désirez ardemment, comme des enfants nouveau-nés, le pur lait spirituel, afin que vous croissiez par lui à salut* » *IPierre2:1-2*

Et par la foi nous savons que:

### vii. La parole Donne une nouvelle naissance.

« Puisque vous avez été régénères non pas par une semence corruptible, mais par une semence incorruptible, par la parole vivante et permanente de Dieu»
*1Pierre1:23*

# Comment donner une invitation

Donner une invitation c'est demander a une personne d'accepter le Seigneur Jésus Christ en tant que son sauveur personnel par la foi. Vous pouvez dire quelque chose comme » . . . . (Nom de la personne) . . . mettez-vous à genoux avec moi dans la prière pour demander au Seigneur de vous sauver ici et tout de suite ! Selon la réponse à votre invitation, même si la personne ne veut pas se mettre à genoux vers avec vous, faites une prière simple demandant au Seigneur de le/la convainc redu péché et de l'amener au repentir. Mais si la personne se met à genoux avec vous, priez et laissez la personne répéter après vous» Seigneur Jésus, je sais que vous m'aimez, je crois que vous êtes le Fils de Dieu, que vous êtes venu du ciel sur cette terre pour me sauver. J'admets que vous avez versé votre sang pour mes péchés, que vous êtes morts sur la croix et que vous êtes ressuscite des morts. Je me repens de tous mes péchés et je te demande de me pardonner.
Je t'invite en tant que mon sauveur personnel à rentrer dans mon cœur et prendre le contrôle de ma vie.

Dorénavant je veux vivre pour toi au nom de Jésus Amen.» Lisez à la personne *Romains 10:13*

« car quiconque invoquera le nom du Seigneur sera sauvé »

Concluez en disant « . . . le nom) . . . au nom de Jésus et sur l'autorité de la parole de Dieu, vous êtes sauve€ et êtes maintenant un enfant de Dieu.

Laissez la personne elle même proclamer son salut car la bible dit :

*« Que les rachetés de l'Éternel le disent, ceux qu'il a rachetés de la main de l'oppresseur »*
*Psaumes 107:2*

Amener une personne au salut n'est pas la fin de votre responsabilité. vous devez aider le bébé spirituel à se développer et à marcher dans la foi, dans la grâce et la connaissance de Jésus Christ.
Encouragez l'enfant nouveau-né dans la lecture de la Bible; pourquoi ?
Parce que la Bible est la parole de Dieu.

Nous croyons que la bible est la parole inspirée de Dieu.

*«Toute écriture est inspirée de Dieu, et utile pour enseigner, pour convaincre, pour corriger, pour instruire dans la justice, afin que l'homme de Dieu soit accompli et parfaitement accompli pour toute bonne œuvre . . . »*
*2 Timothée3 : 16, 17*

L'Esprit Saint a exercé cette influence surnaturelle sur les auteurs de la Bible. Par conséquent les Écritures représentent la parole inspirée par Dieu.
Cela signifie que chaque mot à l'origine a été entièrement et également inspiré. Ainsi la bible ne contient pas la parole de Dieu, mais c'est la parole de Dieu. En fait l'Esprit Saint est l'auteur de la Bible et l'homme est juste l'instrument employé par l'Esprit Saint pour écrire la bible.
Nous croyons que la Bible est la parole infaillible de Dieu. Encouragez le chrétien nouveau-né à appliquer le nom de Jésus sur toutes ses circonstances comme:

- ○ Au nom de Jésus, je . . . . Commande à l'esprit de crainte ou de doute de quitter ma vie !
- ○ Au nom de Jésus, je commande à l'esprit de jalousie de quitter ma vie!

- ○ Au nom de Jésus, je commande à l'esprit de convoitise fonctionnant par mes yeux et ma chair de quitter mon corps et mon esprit !
- ○ Au nom de Jésus, je commande à l'esprit de fierté essayant de s'accaparer de mon âme de quitter ma vie!

# CHAPITRE XIX

## Soyez prêt pour l'enlèvement

La vie d'un chrétien est un combat continu contre l'ennemi. Nous devons nous attendre et nous préparer à passer par des moments difficiles, de tribulations, et de douleurs. C'est par la souffrance que nous nous rapprochons plus près de Dieu. Et notre récompense dans le ciel sera plus glorieuse. C'est une bataille qui consiste à maîtriser la chair parce que l'ennemi essaiera toujours de nous en empêcher. La Bible indique que Jésus a été tenté en tout point mais il a constamment commandé ses sentiments et sa chair les soumettant toujours a la volonté du Père. De même nous chrétiens, ne devrions pas perdre de vue notre repère : Jésus Christ. Étant forts en lui nous pouvons faire toutes choses pendant qu'il nous renforce.

La clef c'est de demeurer en la constante présence de Dieu. Hors de la présence de Dieu, nous sommes dans l'obscurité, et personne n'aime être dans l'obscurité.

*« Bien-aimés, ne trouvez pas étrange le feu ardent qui est au milieu de vous, qui est venu sur vous pour votre épreuve, comme s'il vous arrivait quelque chose d'extraordinaire; mais, en tant que vous avez part aux souffrances de Christ, réjouissez-vous, afin qu'aussi, à la révélation de sa gloire, vous vous réjouissiez avec transport. Si vous êtes insultés pour le nom de Christ, vous êtes bienheureux, car l'Esprit de gloire et de Dieu repose sur vous: de leur part, il est blasphémé, mais quant à vous, glorifié.»*
*1 Pierre 4:12-14.*

Nous aimons la camaraderie pour faire beaucoup de choses, la plupart du temps agréables comme manger ensemble, jouer ensemble, chanter et danser avec des amis ou des parents. Mais quand survient la souffrance la plupart du temps nous sommes laissés à nous-mêmes.

Nous nous sentons seuls, abandonnés quand vient la période de la souffrance. Même les meilleurs amis se séparent, le couple est déchiré et dans certains cas, ceci peut causer le divorce. La question est pourquoi ?

Pourquoi sommes-nous entourés par des amis et des parents dans toute autre occasion excepté dans des périodes de douleurs ?

Que veut dire souffrir ? La souffrance vient du mot souffrir, qui signifie: sentir la douleur ou la détresse; ressentir la perte ou les dommages; subir une punition.

Très clairement la souffrance n'est pas une chose plaisante.

Quand les épreuves douloureuses viennent à ma rencontre souvent je réponds en étudiant la parole de Dieu plus régulièrement car c'est en Dieu que nous puisons la force et soulagement. Beaucoup de fois, j'ai été conduit à me mettre à genoux parce que je n'avais plus aucune autre solution ; ainsi la douleur est une manière de me conduire beaucoup plus près de Dieu. Ceci est particulièrement vrai quand je souffre. La souffrance est inévitable pour les chrétiens parce que nous vivons dans un monde imparfait qui est hostile à celui que nous suivons.

Et si nous suivons Jésus, si nous modelons nos vies d'après lui ne soyons pas étonnes de faire face à la souffrance pour la même raison.

Nous vivons sur le territoire de l'ennemi. Et Jésus nous en a avertis dans *Jean 15 :18-23* Jésus dit :

*« Si le monde vous hait, sachez qu'il m'a haï avant vous. Si vous étiez du monde, le monde aimerait ce qui serait sien; mais parce que vous n'êtes pas du monde, mais que moi je vous ai choisis du monde, à cause de cela le monde vous hait. Souvenez-vous de la parole que moi je vous ai dite: L'esclave n'est pas plus grand que son maître. S'ils m'ont persécuté, ils vous persécuteront aussi; s'ils ont gardé ma parole, ils garderont aussi la vôtre. Mais ils vous feront toutes ces choses à cause de mon nom, parce qu'ils ne connaissent pas celui qui m'a envoyé. Si je n'étais pas venu, et que je ne leur*

*eusse pas parlé, ils n'auraient pas eu de péché; mais maintenant ils n'ont pas de prétexte pour leur péché. Celui qui me hait, hait aussi mon Père. ».*

Nous sommes appelés à souffrir parce que Jésus a souffert pour nous, car lui-même a été appelé pour souffrir par obéissance à Dieu le Père.

*« Car quelle gloire y a-t-il, si, souffletés pour avoir mal fait, vous l'endurez? Mais si, en faisant le bien, vous souffrez, et que vous l'enduriez, cela est digne de louange devant Dieu, car c'est à cela que vous avez été appelés; car aussi Christ a souffert pour vous, vous laissant un modèle, afin que vous suiviez ses traces»*
*1 Pierre 2 :20-21*

Christ a souffert, est mort et a été glorifié. Si nous voulons être avec lui et prendre part à sa vie éternelle, nous devons être disposés à le servir et le suivre même jusqu'à la mort. [59] Afin de vivre et régner avec Jésus, nous devons d'abord être disposés à souffrir et mourir avec lui.

*« Cette parole est certaine; car si nous sommes morts avec lui, nous vivrons aussi avec lui»*
*2Timothée 2:11.*

Nous devons compter toute la perte de choses afin de connaître Christ et la camaraderie dans ses douleurs

*« Et je regarde même aussi toutes choses comme étant une perte, à cause de l'excellence de la connaissance du Christ Jésus, mon Seigneur, à cause duquel j'ai fait la perte de toutes et je les estime comme des ordures, afin que je gagne Christ et que je sois trouvé en lui n'ayant pas ma justice qui est de la loi, mais celle qui est par la foi en Christ, la justice qui est de Dieu, moyennant la foi; pour le connaître, lui, et la puissance de sa résurrection, et la communion de ses souffrances, étant rendu conforme à sa mort, si en quelque manière que ce soit je puis parvenir à la résurrection d'entre les morts.»*
*Philippiens 3:8-11*

Pendant que des chrétiens ou les disciples du Christ nous s'appellent pour partager dans sa mort, de sorte que sa vie ressuscitée puisse être manifestée dans nos corps.

*« Mais nous avons ce trésor dans des vases de terre, afin que l'excellence de la puissance soit de Dieu et non pas de nous: étant dans la tribulation de toute manière, mais non pas réduits à l'étroit; dans la perplexité mais non pas sans ressource; persécutés, mais non pas abandonnés; abattus, mais ne périssant pas; portant toujours partout dans le corps la mort de Jésus, afin que la vie aussi de Jésus soit manifestée dans nos corps. Car nous qui vivons, nous sommes toujours livrés à la mort pour l'amour de Jésus, afin que la vie aussi de Jésus soit manifestée dans notre chair mortelle. Ainsi donc la mort opère en nous, mais la vie en vous. Or, ayant le même esprit de foi, selon ce qui est écrit: J'ai cru, c'est pourquoi j'ai parlé, nous aussi nous croyons, c'est pourquoi aussi nous parlons: sachant que celui qui a ressuscité le Seigneur Jésus, nous ressuscitera avec Jésus, et nous présentera avec vous. Car toutes choses sont pour vous, afin que la grâce, abondant par le moyen de plusieurs, multiplie les actions de grâces à la gloire de Dieu.*
*C'est pourquoi nous ne nous lassons point; mais si même notre homme extérieur dépérit, toutefois l'homme intérieur est renouvelé de jour en jour. Car notre légère tribulation d'un moment, opère pour nous, en mesure surabondante, un poids éternel de gloire, nos regards n'étant pas fixés sur les choses qui se voient, mais sur celles qui ne se voient pas: car les choses qui se voient sont pour un temps, mais celles qui ne se voient pas sont éternelles»*
*2Corinthiens 4:7-18.*

Car chrétiens nés de nouveau, nous sommes des ambassadeurs pour Christ. Témoignons donc de lui, et quiconque nous rejette le rejeté également.

*Nous sommes donc ambassadeurs pour Christ, Dieu, pour ainsi dire, exhortant par notre moyen; nous supplions pour Christ: Soyez réconciliés avec Dieu! »*
*2Corinthiens 5:20.* [60]

Sûrement, les gens nous détesteront et nous persécuteront juste comme ils l'ont fait à Jésus. *Jean15:18-21*
Pour gagner nos récompenses éternelles, nous devons être disposés à boire sa tasse de souffrance.

« Et il lui dit: Que veux-tu? Elle lui dit: Ordonne que mes deux fils que voici, s'asseyent, l'un à ta droite et l'un à ta gauche, dans ton royaume. Et Jésus, répondant, dit: Vous ne savez ce que vous demandez. Pouvez-vous boire la coupe que moi, je vais boire? Ils lui disent: Nous le pouvons.

*Et il leur dit: Vous boirez bien ma coupe; mais de s'asseoir à ma droite et à ma gauche, n'est pas à moi pour le donner, sinon à ceux pour lesquels cela est préparé par mon Père» Mathieu 20 :21-23.*

Avec la douleur nous vient une attitude de serviteur.
Nous nous appelons serviteurs de tous les hommes pour ne pas servir l'homme. Nous les aiderons toujours sans essayer d'être comme eux ou de les changer. Mais nous ne devrions pas perdre notre centre des priorités. Nous devrions toujours mettre Dieu en avant, deuxièmement notre famille et les autres en troisième lieu. Le service de Dieu ne doit pas être confondu avec l'esclavage. Tandis qu'un esclave travaille contre sa volonté pour son maître parce qu'un prix a été payé pour lui, un serviteur fonctionnera sous sa propre volonté, de façon libre, sans y être forcé. Il y a un plus grand lien qui existe entre le serviteur et le maître. Le cœur du serviteur est davantage orienté vers les désirs de son maître. Le serviteur est fidèle à son maître et veut toujours plaire à son maître. Ainsi Dieu veut que nous soyons ses serviteurs non ses esclaves. *Mathieu 18 :23-33* est très édifiant :

« *C'est pourquoi le royaume des cieux a été fait semblable à un roi qui voulut compter avec ses esclaves.*
*Et quand il eut commencé à compter, on lui en amena un qui lui devait dix mille talents. Et comme il n'avait pas de quoi payer, son seigneur ordonna qu'il fût vendu, lui, et sa femme, et ses enfants, et tout ce qu'il avait; et que le payement fût fait. L'esclave donc, se jetant à ses pieds, lui rendit hommage, disant: Seigneur, use de patience envers moi, et je te payerai tout. Et le*

*seigneur de cet esclave-là, touché de compassion, le relâcha et lui remit la dette.*

*Mais cet esclave, étant sorti, trouva un de ceux qui étaient esclaves avec lui, qui lui devait cent deniers; et l'ayant saisi, il l'étranglait, disant: Paye, si tu dois quelque chose.*

*Celui donc qui était esclave avec lui, se jetant à ses pieds, le supplia, disant: Use de patience envers moi, et je te payerai. Et il ne voulut pas; mais il s'en alla et le jeta en prison jusqu'à ce qu'il eût payé la dette. Or ceux qui étaient esclaves avec lui, voyant ce qui était arrivé, furent extrêmement affligés, et s'en vinrent et déclarèrent à leur seigneur tout ce qui s'était passé. Alors son seigneur, l'ayant appelé auprès de lui, lui dit: Méchant esclave, je t'ai remis toute cette dette, parce que tu m'en as supplié; n'aurais-tu pas dû aussi avoir pitié de celui qui est esclave avec toi, comme moi aussi j'ai eu pitié de toi?* »

Nos récompenses dépendront de la façon dont nous manipulons ce que Dieu nous a confié.

Les chrétiens et les serviteurs de Dieu doivent apprendre à gérer les petits comme les grands moyens : substance ou cadeaux qui leur sont confiés parce qu'à la fin Dieu nous demandera des comptes.

## Qu'est ce l'enlèvement ?

Il y a beaucoup de polémique parmi les croyants au sujet du thème de l'enlèvement. Bien que le mot enlèvement ne puisse pas être trouvé dans la bible il y a beaucoup d'événements dans l'Ancien et le Nouveau Testament qui se rapportent à des faits ou situations au cours desquelles des gens ont été littéralement ravis de la terre.

Mon intention dans ce chapitre n'est pas de verser de l'huile sur le feu brûlant en contribuant à la polémique théologique au sujet de l'enlèvement, mais d'illuminer l'esprit du chrétien né de nouveau. A cet effet j'ai exprès cité de larges passages de la Bible pour mieux démontrer la vérité au sujet de la doctrine de l'enlèvement, pour permettre à tout chrétien ne de nouveau de se tenir prêt en tout temps et à chaque instant de sa vie. Le mot enlèvement veut dire être ravis, changer subitement d'environnement, et dans notre cas précis, c'est être ravis de la terre au ciel.

Vous vous demandez certainement comment ceci est-il possible?

Examinons les Écritures de Genèse à l'Apocalypse.

**La première fois** que la bible relate la disparition d'un être humain, ce fut dans *Genèse 5:21-24* un homme a disparu ! Selon le livre de Genèse, Énoch avait 65 ans quand il est devenu le père de Mathusalem, l'homme qui vécu le plus longtemps sur cette terre. Pendant les 300 années qui suivirent la naissance de Mathusalem, Énoch a eu d'autres fils et filles. Ainsi, Énoch a vécu au total 365 ans (les années bibliques sont de 360 jours). L'événement qui fut la première dans l'histoire de l'humanité se produisit quand Dieu enleva Énoch directement au ciel. Pour un temps, il était encore sur terre et l'instant d'âpres, la durée d'un clin d'un œil il se retrouva au ciel. L'apôtre Paul, cependant après l'ascension de Jésus parle toujours de l'enlèvement d'Énoch dans *Hébreux 11:5*

*« Par la foi, Énoch fut enlevé pour qu'il ne vît pas la mort; et il ne fut pas trouvé, parce que Dieu l'avait enlevé; car, avant son enlèvement, il a reçu le témoignage d'avoir plu à Dieu»*

**La deuxième fois** qu'un enlèvement fut rapporte dans la Bible ce fut *dans 2 Rois 2:1-12*

*« Et il arriva que, lorsque l'Éternel fit monter Élie aux cieux dans un tourbillon, Élie et Élisée partirent de Guilgal. Et Élie dit à Élisée: Reste ici, je te prie; car l'Éternel m'envoie jusqu'à Béthel. Et Élisée dit: L'Éternel est vivant, et ton âme est vivante, que je ne te laisserai point. Et ils descendirent à Béthel. Et les fils des prophètes qui étaient à Béthel sortirent vers Élisée, et lui dirent: Sais-tu qu'aujourd'hui l'Éternel va enlever ton maître d'au-dessus de ta tête? Et il dit: Je le sais, moi aussi; taisez-vous. Et Élie lui dit: Élisée, je te prie, reste ici; car l'Éternel m'envoie à Jéricho. Et il dit: L'Éternel est vivant, et ton âme est vivante, que je ne te laisserai point. Et ils s'en vinrent à Jéricho. Et les fils des prophètes qui étaient à Jéricho s'approchèrent d'Élisée, et lui dirent: Sais-tu qu'aujourd'hui l'Éternel va enlever ton maître*

*d'au-dessus de ta tête? Et il dit: Je le sais, moi aussi; taisez-vous. Et Élie lui dit: Reste ici, je te prie; car l'Éternel m'envoie au Jourdain. Et il dit: L'Éternel est vivant, et ton âme est vivante, que je ne te laisserai point. Et ils s'en allèrent eux deux. Et cinquante hommes d'entre les fils des prophètes allèrent et se tinrent vis-à-vis, à distance; et eux deux se tinrent auprès du Jourdain. Et Élie prit son manteau, et le plia, et frappa les eaux, et elles se divisèrent deçà et delà; et ils passèrent eux deux à sec. Et il arriva, quand ils eurent passé, qu'Élie dit à Élisée: Demande ce que je ferai pour toi avant que je sois enlevé d'avec toi. Et Élisée dit: Qu'il y ait, je te prie, une double mesure de ton esprit sur moi. Et il dit: Tu as demandé une chose difficile; si tu me vois quand je serai enlevé d'avec toi, il en sera ainsi pour toi; sinon, cela ne sera pas. Et il arriva comme ils allaient marchant et parlant, que voici un char de feu et des chevaux de feu; et ils les séparèrent l'un de l'autre; et Élie monta aux cieux dans un tourbillon. Et Élisée le vit, et s'écria: Mon père! Mon père! Char d'Israël et sa cavalerie! Et il ne le vit plus.*

*Et il saisit ses vêtements et les déchira en deux pièces.».*

Ce fut donc le deuxième enlèvement.

Le premier prophète de Dieu Elie a donc fini son ministère terrestre et passa donc le témoin a son protégé Élisée. Élisée, savant par la foi et la sages' queue as foi sera terriblement renforcée s'il pouvait être témoin de l'enlèvement au ciel de son maitre Elie.

**Le troisième événement** rapporte par la Bible au sujet de la transposition ou disparation d'un individu c'est le cas de l'apôtre Philippe, et l'on trouve dans *Actes8 :26-40*

Il y a plusieurs éléments impressionnants dans ce passage des Écritures. D'abord, un ange du Seigneur parle directement à un des premiers apôtres. L'ange indique a Philippe de se diriger vers le désert, apparemment par des méthodes conventionnelles, très probablement par la marche. L'ange du Seigneur sait qu'un Éthiopien est prêt à recevoir l'Évangile et a besoin de quelqu'un (un croyant) pour le partager avec lui. Quand Philip vit le char et entendit la lecture de l'homme, (la lecture était à haute voix, une pratique courante en ces jours de bénéficier largement l'inculte) l'ange du Seigneur lui dit de se rapprocher du char. Et quand Philip vint s'enquérir de l'Éthiopien il comprit la prophétie. Après que Philippe fut invité à monter dans le char pour expliquer la prophétie au sujet du sacrifice du Christ, l'Éthiopien demanda alors à Philippe de le baptiser dans le corps du Christ dans une eau voisine. Notez que bien que l'Éthiopien ait cru en Dieu, pour recevoir l'Évangile il a dû croire de tout son cœur que Jésus Christ était le Fils unique et incarné de Dieu vivant : le salut « ligne de démarcation» selon *1Jean4:1-3*.

*« Bien-aimés, ne croyez pas tout esprit, mais éprouvez les esprits pour voir s'ils sont de Dieu, car beaucoup de faux prophètes sont sortis dans le monde. Par ceci vous connaissez l'Esprit de Dieu: tout esprit qui confesse Jésus Christ venu en chair est de Dieu, et tout esprit qui ne confesse pas Jésus Christ venu en chair n'est pas de Dieu; et ceci est l'esprit de l'anti christ, duquel vous avez ouï dire qu'il vient, et déjà maintenant il est dans le monde. »*

Mais où est donc l'événement pouvant être considéré comme enlèvement, me demanderez-vous?
Dans un passage souvent survolé par beaucoup, c'est à dire les *versets 39-40*, Philip est enlevé au désert de manière supranaturelle et se retrouve dans la région d'Azotes, où il continua de prêcher l'Évangile dans plusieurs villes.
Dans le verset 39, nous trouvons le mot grec « harpazo » traduit dans comme « ravi ». « Harpazo » signifie « saisir soudainement, avec la force "et est traduit comme « ravis» dans *1 Thessaloniciens 4:17*.
Le ravissement des croyants, des morts et du vivant avec le Seigneur en un clin d'œil.

*« Puis nous, les vivants qui demeurons, nous seront ravis ensemble avec eux dans les nuées à la rencontre du Seigneur, en l'air: et ainsi nous serons toujours avec le Seigneur. »*

**Le premier ravissement du Nouveau Testament** c'est celui de Christ lui-même et ce fut une SURPRISE, même pour les apôtres !

216

*« Le Seigneur donc, après leur avoir parlé, fut élevé en haut dans le ciel, et s'assit à la droite de Dieu . . . »*
*Marc16:19.*

*1Corinthiens 15:50-54 déclare que* tous ne connaitront pas la mort :

*« Or je dis ceci, frères, que la chair et le sang ne peuvent pas hériter du royaume de Dieu, et que la corruption non plus n'hérite pas de l'incorruptibilité. Voici, je vous dis un mystère: Nous ne nous endormirons pas tous, mais nous serons tous changés: en un instant, en un clin d'œil, à la dernière trompette, car la trompette sonnera et les morts seront ressuscités incorruptibles, et nous, nous serons changés. Car il faut que ce corruptible revête l'incorruptibilité, et que ce mortel revête l'immortalité. Or quand ce corruptible aura revêtu l'incorruptibilité, et que ce mortel aura revêtu l'immortalité, alors s'accomplira la parole qui est écrite: La mort a été engloutie en victoire »*

Dans ce passage, l'apôtre Paul décrit la transformation du croyant dans le royaume merveilleux de Dieu.

Un corps humain périssable et mortel ne peut pas entrer le royaume ; donc aux croyants seront donnés de nouveaux corps qui sont impérissables et immortels.

Paul indique un mystère : chaque croyant ne mourra pas mais certains seront traduits au royaume de Dieu dans un clin d'œil. Pendant le ravissement, les chrétiens vivants entreront dans le royaume directement sans éprouver la mort ! Paul emploie le terme « sommeil » qui est l'idiome grec ou une métaphore pour la mort physique.
Mais quand un croyant, mort ou vivant est changé, ils sont immortels pour l'éternité : Le ravissement des chrétiens pris vivants.

*« Or nous ne voulons pas, frères, que vous soyez dans l'ignorance à l'égard de ceux qui dorment, afin que vous ne soyez pas affligés comme les autres qui n'ont pas d'espérance. Car si nous croyons que Jésus mourut et qu'il est ressuscité, de même aussi, avec lui, Dieu amènera ceux qui se sont endormis par Jésus. Car nous vous disons ceci par la parole du Seigneur: que nous, les vivants, qui demeurent jusqu'à la venue du Seigneur, nous ne devancerons aucunement ceux qui se sont endormis.*

*Car le Seigneur lui-même, avec un cri de commandement, avec une voix d'archange et avec la trompette de Dieu, descendra du ciel; et les morts en Christ ressusciteront premièrement; puis nous, les vivants qui demeurent, nous seront ravis ensemble avec eux dans les nuées à la rencontre du Seigneur, en l'air: et ainsi nous serons toujours avec le Seigneur. Consolez-vous donc l'un l'autre par ces paroles »*
*IThessaloniciens4:13-18.*

L'apôtre Paul emploie encore l'idiome pour la mort physique, cette fois expliquant clairement que ces chrétiens qui ont éprouvé la mort physique seront ressuscités par le Christ. Ici nous revoyons le ravissement dans le 17ème verset, qui est le mot grec « harpazo » traduit en français comme « ravi » : Il est monté au ciel.

*« Et elle enfanta un fils mâle qui doit paître toutes les nations avec une verge de fer; et son enfant fut enlevé vers Dieu et vers son trône »*
Apocalypse *12:5*

Le mot grec « harpazo » est de nouveau traduit en français comme « ravi » dans *Apocalypse 12:5*.

Ici il est employé pour décrire l'ascension du Christ dans le ciel ; un événement qualifie de ravissement

*« Et voici, moi j'envoie sur vous la promesse de mon Père. Mais vous, demeurez dans la ville, jusqu'à ce que vous soyez revêtus de puissance d'en haut. Et il les mena dehors jusqu'à Béthanie, et, levant ses mains en haut, il les bénit.*
*Et il arriva qu'en les bénissant, il fut séparé d'eux, et fut élevé dans le ciel.*
*Et eux, lui ayant rendu hommage, s'en retournèrent à Jérusalem avec une grande joie.*
*Et ils étaient continuellement dans le temple, louant et bénissant Dieu»*
Luc *24:49-53.*

Dans l'Évangile selon Luc, Jésus dit aux disciples d'attendre l'Esprit Saint de Dieu, qu'il leur enverrait après qu'il soit monté à Dieu et assis à la droite du Père. Les disciples sont commandés de rester dans la ville de Jérusalem jusqu'à ce que l'esprit vienne sur eux.

218

Dans la ville de Bethany, Jésus bénit ses disciples et ascendant dans le royaume de Dieu. Son ravissement est trouvé dans le verset 51: Il sera de retour.

*« Eux donc étant assemblés, l'interrogèrent, disant: Seigneur, est-ce en ce temps-ci que tu rétablis le royaume pour Israël? Mais il leur dit: Ce n'est pas à vous de connaître les temps ou les saisons que le Père a réservés à sa propre autorité; mais vous recevrez de la puissance, le Saint Esprit venant sur vous; et vous serez mes témoins à Jérusalem et dans toute la Judée et la Samarie, et jusqu'au bout de la terre. Et ayant dit ces choses, il fut élevé de la terre, comme ils regardaient, et une nuée le reçut et l'emporta de devant leurs yeux. Et comme ils regardaient fixement vers le ciel, tandis qu'il s'en allait, voici, deux hommes en vêtements blancs, se tinrent là à côté d'eux, qui aussi dirent: Hommes galiléens, pourquoi vous tenez-vous ici, regardant vers le ciel? Ce Jésus, qui a été élevé d'avec vous dans le ciel, viendra de la même manière que vous l'avez vu s'en allant au ciel».*
*Actes 1:6-11*

L'ascension du Christ dans le ciel est décrite dans le premier chapitre des Actes; un livre écrit par le même auteur de l'Évangile selon Luc. L'apôtre Luc était généralement connu comme docteur en médecine ayant une attention particulière au détail. Comme prévu ce court passage contient beaucoup d'informations.

D'abord les disciples ont demandé à Jésus si Israël serait bientôt reconstitué en tant que son royaume. Jésus a eu d'autres plans y inclus la naissance de l'église païenne et évangéliser le monde. Par conséquent, Jésus leur a dit que les temps sont désignés « périodes » et combien de temps passerait « époques » relève du mystère connu seulement de Dieu le Père. Bien que les signes soient évidents, le jour et l'heure exacts ne sont pas connus.

L'événement qualifie de ravissement dans ce passage se produit dans le verset 9 juste après que Jésus réaffirme la grande Commission.

Soudain deux anges, qui apparaissent toujours sous la forme humaine dans la bible, informent les disciples que l'avènement prochain du Christ se produira de la même manière.

*« Et après les trois jours et demi, l'esprit de vie venant de Dieu entra en eux; et ils se tinrent sur leurs pieds, et une grande crainte tomba sur ceux qui les contemplaient.*

*Et j'ouïs une grande voix venant du ciel, leur disant: Montez ici. Et ils montèrent au ciel dans la nuée, et leurs ennemis les contemplèrent»*
Apocalypse11:11-12

Au chapitre 11, nous découvrons qu'un autre événement considère de ravissement car Dieu ressuscite les deux témoins et puis les prend directement dans le ciel à la vue du monde.

*« Après ces choses, je vis: et voici, une porte ouverte dans le ciel, et la première voix que j'avais ouïe, comme d'une trompette parlant avec moi, disant: Monte ici, et je te montrerai les choses qui doivent arriver après celles-ci »*
*Apocalypse 4:1*

*Au chapitre 4 de l'Apocalypse* nous voyons encore un autre événement qualifie de ravissement pendant que l'apôtre Jean est appelé dans le ciel pour contempler les événements futurs. Cet événement ressemble au deuxième voyage de l'apôtre Paul à Corinthe.

## Comment se produira alors l'enlèvement?

### 1. Les gens seront enlevés par surprise

*« Et comme il arriva aux jours de Noé, ainsi en sera-t-il aux jours du fils de l'homme aussi: on mangeait, on buvait, on se mariait, on donnait en mariage, jusqu'au jour où Noé entra dans l'arche; et le déluge vint, et les fit tous périr. De même aussi, comme il arriva aux jours de Lot: on mangeait, on buvait, on achetait, on vendait, on plantait, on bâtissait; mais, au jour où Lot sortit de Sodome, il plut du feu et du soufre du ciel, qui les fit tous périr; il en sera de même au jour où le fils de l'homme sera manifesté. En ce jour-là, que celui qui sera sur le toit et qui aura ses effets dans la maison, ne descende pas pour les emporter; et pareillement que celui qui sera aux champs ne retourne pas en arrière. Souvenez-vous de la femme de*

*Lot. Quiconque cherchera à sauver sa vie, la perdra; et quiconque la perdra la gagnera. Je vous dis qu'en cette nuit-là deux seront sur un même lit, l'un sera pris et l'autre laissé; deux femmes moudront ensemble, l'une sera prise et l'autre laissée; deux seront aux champs, l'un sera pris et l'autre laissé»*
Luc 17:26-36

Jésus parle au sujet du ravissement dans l'Évangile selon Luc. Bien qu'il parle de deux événements destructifs, le point important est que des croyants seront enlevés par Dieu avant que les moments vraiment difficiles ne se produisent sur terre ; c'est-à-dire. avant que la colère de Dieu ne se déverse sur la terre.

Concernant Sodome et Gomorrhe, la destruction se produisit après que Lot fut sorti de Sodome. Le ravissement est vu dans les *versets 34-36* *ce* qui démontre également que l'événement se produira simultanément dans chacun des trois fuseaux horaires principaux sur la terre. Le labour est effectué le matin, le moulage est fait l'après-midi et le sommeil, naturellement, se produit la nuit :

## 2. Il y aura des regrets

« *Mais comme ont été les jours de Noé, ainsi sera aussi la venue du fils de l'homme. Car, comme dans les jours avant le déluge on mangeait et on buvait, on se mariait et on donnait en mariage, jusqu'au jour où Noé entra dans l'arche, et ils ne connurent rien, jusqu'à ce que le déluge vint et les emporta tous, Ainsi sera aussi la venue du fils de l'homme. Alors deux hommes seront au champ, l'un sera pris et l'autre laissé; deux femmes moudront à la meule, l'une sera prise et l'autre laissée. Veillez donc; car vous ne savez pas à quelle heure votre Seigneur vient. Mais sachez ceci, que si le maître de la maison eût su à quelle veille le voleur devait venir, il eût veillé, et n'eût pas laissé percer sa maison. C'est pourquoi, vous aussi, soyez prêts; car, à l'heure que vous ne pensez pas, le fils de l'homme vient»*
Mathieu 24 :37-44.

Jésus parle encore au sujet du ravissement dans l'Évangile selon Matthieu. Ici, il parle encore de l'inondation mondiale destructive. Cependant, le point important dans ce passage est que la majeure partie du monde vaque à ses occupations quotidiennes normales.

Par conséquent ils n'ont pas compris ce qui arriverait et ils ont été totalement surpris, en dépit de la prédication de Noé. Le ravissement est vu dans les versets 40-41 mais seulement deux fuseaux horaires sont mis en référence ici. Le mot grec « parousia » est traduit ici comme « arriver ». Cependant, la dernière partie de ce passage déclare absolument que le ravissement sera une SURPRISE et se produira un jour ordinaire et ennuyeux, au moment ou même les chrétiens n'y pensent pas.

### 3. Le dernier avertissement

« *Disant: Le Seigneur est réellement ressuscité, et il est apparu à Simon. Et ils racontèrent les choses qui étaient arrivé en chemin, et comment il s'était fait connaître à eux dans la fraction du pain. Et comme ils disaient ces choses, il se trouva lui-même là au milieu d'eux, et leur dit: Paix vous soit!* »
*Luc24:34-36.*

Pendant plus de 2.000 ans, les chrétiens attendent ardemment le retour de Jésus Christ sur terre. Jésus a promis que le fidèle sera rendu digne POUR ÉCHAPPER aux choses terribles qui viendront sur la terre les derniers jours. Ridicule « escapisme » ! Me direz vous, Et pourtant Jésus lui-même l'a enseigné.

## Maintenant quelles seront nos récompenses après le ravissement ?

*Jésus dit :*

« *Dans la maison de mon Père, il y a plusieurs demeures; s'il en était autrement, je vous l'eusse dit, car je vais vous préparer une place. Et si je m'en vais et que je vous prépare une place, je reviendrai, et je vous prendrai auprès de moi; afin que là où moi je suis, vous, vous soyez aussi* »
*Jean 14:2,3*

La bible donne certains signes qui précéderont l'avènement de Jésus le Christ. [61]

### 1. La couronne de la droiture

La couronne de la droiture est distincte de la droiture de Dieu. La droiture de Dieu est reçue par le croyant quand il devient un chrétien. La droiture de Dieu est une droiture obtenue par le salut, un cadeau à accepter par les âmes perdues

« *Car il a fait celui qui n'a point connu de péché, [être] péché pour nous, afin que nous fussions justice de Dieu en lui.*» 2Corinthiens 5:21.

Dans la perspective de l'avènement de Jésus Christ, le croyant attend avec intérêt de recevoir une récompense pour ses œuvres sur terre. Cette récompense s'appelle la couronne de la droiture.

C'est une récompense à gagner par le salut.

«*. Je t'en adjure devant Dieu et le Christ Jésus, qui va juger vivants et morts, et par son apparition et par son règne: prêche la parole, insiste en temps et hors de temps, convaincs, reprends, exhorte, avec toute longanimité et doctrine; car il y aura un temps où ils ne supporteront pas le sain enseignement; mais, ayant des oreilles qui leur démangent, ils s'amasseront des docteurs selon leurs propres convoitises, et ils détourneront leurs oreilles de la vérité et se tourneront vers les fables. Mais toi, sois sobre en toutes choses, endure les souffrances, fais l'œuvre d'un évangéliste, accomplis pleinement ton service; car, pour moi, je sers déjà de libation, et le temps de mon départ est arrivé; j'ai combattu le bon combat, j'ai achevé la course, j'ai gardé la foi: désormais m'est réservée la couronne de justice, que le Seigneur juste juge me donnera dans ce jour-là, et non seulement à moi, mais aussi à tous ceux qui aiment son apparition*»
*2 Timothée 4:1-8*

## 2. La Couronne de gloire

C'est une récompense spéciale pour une obéissance fidèle et un Pasteur appelé par Dieu et qui alimente volontairement son troupeau jusqu'" à la fin.

« *Paissez le troupeau de Dieu qui est avec vous, le surveillant, non point par contrainte, mais volontairement, ni pour un gain honteux, mais de bon gré, comme dominant sur des héritages, mais en étant les modèles du troupeau; et quand le souverain pasteur sera manifesté, vous recevrez la couronne inflétrissable de gloire»*
*1 Pierre 5:2-4.*

Quoique réservée au pasteur, chaque croyant peut partager la couronne de gloire du pasteur.
Nous sommes censés soutenir notre pasteur non seulement en priant pour lui mais en l'encourageant également dans le travail de Dieu. Nous montrons également notre appui par les dîmes et nos offrandes à Dieu. Ce faisant, Dieu nous permettra de partager l'onction de notre pasteur sur terre et la couronne de la gloire dans le ciel.

## 3. La couronne de réjouissance

Chaque chrétien né de nouvel est appelé à gagner des âmes, et témoigner de ce que Dieu a fait dans sa vie.

« *Car quelle est notre espérance, ou notre joie, ou la couronne dont nous nous glorifions? N'est-ce pas bien vous devant notre Seigneur Jésus, à sa venue? Car, vous êtes Notre gloire et notre joie»*
*1 Thessaloniciens 2:19-20*

## 4. La couronne de vie

« *Bienheureux est l'homme qui endure la tentation; car, quand il aura été manifesté fidèle par l'épreuve, il recevra la couronne de vie, qu'Il a promise à ceux qui l'aiment» Jacques 1:12*

### 5. La couronne incorruptible

*«Tous ceux qui combattent s'imposent toute espèce d'abstinence, et ils le font pour obtenir une couronne corruptible; mais nous, faisons-le pour une couronne incorruptible»*
*1Corinthiens9:25.*

Mais avant que nous arrivions au ciel pour apprécier cette récompense, nous pouvons encore apprécier la pleine gloire de Dieu et de sa joie indescriptible ici sur terre.

Voici quelques mesures que nous devons prendre :

1. **D'abord**: nous devons confesser tout pécher connu
2. **En second lieu**: pardonner
3. **Troisièmement**: Rechercher le brisement
4. **Quatrièmement**: veiller quotidiennement à rester dans cet état de brisement
5. **Cinquièmement**: Garder notre bouche et nos oreilles fermées par rapport à tout ce qui détruirait notre relation personnelle avec Dieu.
6. **Sixièmement**: Présenter notre corps à Dieu en sacrifice vivant.

# LISTE DES CITATIONS

[1]  *Hébreux 9:14 /colossiens1 : 14/IJean1 : 9, 2:12)*

[2]  *Galates3 : 13*

[3]  Deutéronome 28:1-14

[4]  *1 Corinthiens1 : 2/Philiphiens1 : 1*

[5]  *Ephesiens1 : 4*

[6]  *Romains 8:33*

[7]  *1 Pierre 2:24*

[8]  *Proverbes16 : 3*

[9]  Philippiens. 2:3

[10]  Maximum E Anders : 30 jours pour comprendre la bible, page 185

[11]  Creflo Dollar Page 134

[12]  Dick Iverson . . . Page 7

[13]  de blanc . . . . Page 88 . . .

[14]  *Genèse 2:24*

[15]  *2 Corinthiens13 : 11/2Timothee2 : 22/Colossiens 3:15*

[16]  *Galates 5:22-23*

[17]  *Mathieu 7:11 /3Jean 2*

[18]  *Exode 15:26*

[19]  *Exode 23:25 /Esaïe 53:5/1 Pierre 2:24*

[20]  *Mathieu8:17 /Galates 3:13*

[21]  *Hébreux 11:6 /Marc 11 23+25*

[22]  Colossiens 1:16

[23]  Genèse1 : 2 /Esaïe 24:1.

[24]  Job 21 : 13/Esaïe 38:10

226

[25] Levitique19:31, 20:6, 20:27 ; Deutéronome 18:9-14 ; 1 Samuel 28:7-9 2 Rois 21:6, 23:24 ; 1 Chroniques 10:13-14 ; 2 Chroniques 33:6 ; Esaïe 8:19, 19:3, 29:4.

[26] Mathieu 9:32, 12:43-45, 15:22, 17:15-18 ; Marc 5:1-20, 9:17-26 ; Actes 16:16-18, 19:15-16.

[27] Deutéronome 18:10-12

[28] Osée 4:12 ; Ézéchiel 16:28-29

[29] Psaumes 111:10

[30] Proverbes 19:23 ; Proverbes 14:26-27

[31] Galates 5:22-23

[32] Romains 6:16.

[33] 1 Pierre 5:8 ; Jacques 4:7 ; Psaumes17 :4 ; Psaumes 119 : 1-2

[34] *Mathieu 18:18*

[35]

[36] 2 Corinthiens6 : 8

[37] Proverbes30 : 4 Exode 20:7 /Exode3 : 13

[38] Genese14 : 17-20

[39] Genèse 35:9-11/Genèse 50:24-26/Exode3 : 13

[40] Voyez également Jean 10:30-33/Genèse 3:8-9

[41] Juges6:13-16 ; Psaumes97:5;Psaumes135:15 ; 2Samuel7:18-20 ; IEsaie6: 8 ; Jeremie1 : 6 ; Ézéchiel 2:3-4 ; Actes 9:4-6 ; 1Corinthiens 7:23.

[42] Nombres 6:21-26 ; Jean 14:27

[43] Romains 9:10 ; Éphésiens 4:24 ; Jaques 5:15-16

[44] Mathieu 8:5 ; Luc 7:1

[45] Mathieu 9:20 ; Marc5 : 25 ; Luc 8:43

[46] Mathieu9:27

[47] Mathieu 12:9 ; Marc 3:1, Luc 6:6

[48] Marc9 : 17, Luc 9:38

[49] Marc7:31

[50] Luc 17:11

[51] Jean 11:43

[52] Mathieu 22:23 ; 1Corinthiens.15 : 14, Romains1 : 4

[53] Marc 6:48, Jean 6:19

[54] Jean

[56] Marc1 : 23, Luc4 : 33

[57] Corinthiens5 : 21, Hebreux4 : 15 ; 7 : 26 ; 9 : 14 ; 10 : 7 ; 1Pierre2:22 ; 1:19,1Jean3 : 5

[58] Mathieu10:22, 24:13 ; Marc13:13.

[59] Jean 12:23-28

[60] Luc 10:16

[61] Mathieu 24:3-51; Timothee3 : 1-7;Marc13: 3-37; Luc21:7-36 1Thessaloniciens 5:1-4; Esaïe 11:11-12; Ezechiel37:16-26

# BIBLIOGRAPHIE

NB : Ce livre est une traduction française de l'original en Anglais. Aucune autre littérature française n'a été utilisée en dehors des versions françaises de Darby et de Louis Second.

**Anders, Max. E.**
30days to understanding the bible. Wolgemuth & Hyatt, Publishers, inc Brentwood Tenessee 1989.

**Avanzini, John**
Rich God, Poor God, International Faith center, inc Fortworth Texas, USA 2001

**James Lee Beall**
Laying the foundation, Achieving Christian Maturity.Bridge logos, Orlando Florida, 2002

**Boyd, James. P**
The practical Bible dictionary, Barbour Publishing inc USA

**Bruce F.F. and R.K.Harrison**
Student Bible dictionary, Nelson Reference & Electronic USA 1989

**Cooke, Graham**
Drawing Close, Chosen Grand Rapids, Michigan USA2005

**Creek Humble,**
Light my path, Prayers and promises, Humble Creek. Publishers, Uhrichsville, Ohio USA 1984

**Dollar, Creflo**
Lord teach me how to love, Harrison House, Tulsa Oklahoma USA1982

**Ferg Bill. M.**
Every believer's authority Destiny image, Shippensburg, PA U.S.A 1995

**Ferrini, Paul**
Love without conditions, Reflections of the Christ Mind, USA 1994

**Foulkes, Francis**
Ephesians The Tyndasle New Testament Commentaries.Williamb. publishing co, Grand rapids, Michigan/Cambridge, UK 2002

**Garr, John D.**
Touching the Hem, Jesus and the Prayer Shawl, Restoration Foundation, Atlanta Georgia USA2001.

**Garr, John D.**
God's lamp: Man's light Restoration Foundation, Atlanta Georgia USA 2001.

**Hinn, Benny**
Promises for your Healing, Benny Hinn Ministries, Irvin Texas USA 2006

**Iverson, Dick**
The Holy Spirit today, Bible Temple, Inc, Portland, Oregon USA 1990.

**Kenyon, E.W.**
The Two Kinds Of Faith, Kenyon Gospel Publishing Society, USA 1998.

**Kenyon, E.W.**
The Father and his family, The story of Man's redemption, Kenyon
Gospel Publishing Co, USA1998

**Kenyon, E.W.**
Jesus The Healer, Kenyon Gospel Publishing Co, USA 1998

**Kenyon, E.W.**
The New Kind Of Love, Kenyon Gospel Publishing Co, USA 2000

**Kinzie, Fred E.**
Handbook on Receiving the Holy ghost, Word Aflame Press USA
1997.

**Marchiano, Bruce**
The Character of A Man, Howard Books, New York Ny 2006.

**Montgomery, James**
The parables of Jesus, Moody Press Chicago, Illinois USA 1983.

**O'Neal, Glenn F.**
Make the Bible live, BMH books, Winona Lake, Indiana USA 1972.

**Parsley, Rod**
The Day before Eternity.Creation House, Lake Mary, Florida USA
1998.

**Peale, Norman V.**
Expect a Miracle-Make Miracles Happen, Guideposts,

**Price, Frederick.K.C**
Practical suggestions for successful Ministry. Harrison house. Tulsa,
Oklahoma, USA 1991

**Prince, Derek**
Faith to live by, Whitaker House, Charlotte North Carolina USA 1997.

**Prince, Dereck**
God's plan for your Money, Dereck Prince Ministries International, USA 1986.

**Pugh, J.T.**
How to Receive the Holy Ghost, World Aflame Press, and Hazelwood, MO USA

**Reader's Digest Association**
ABC"s Of The Bible, Reader's Digest Association, Pleasantville, New York/ Montreal 1991

**Sweet, Leonard**
Post modern Pilgrims, Broadman & Holman Publishers, and Nashville Tenessee and USA 2000

**Stone, Perry**
Livivng in the final Chapter, Thomas Nelson Publishers, Nashville. Tenessee, USA 1995

**Tyndale House**
A to Z guide to bible, Tyndale House Publishing, USA 1996

**Van Impe, Jack**
What will be left after Armageddon, JVI Ministries, and Troy Michigan? USA2007?

**Mc Veigh, Kate**
12 ways to be a blessing to your church.Kenneth Hagin Ministries. Tulsa, Oklahoma USA 2003

**Wenham, David**
The parables of Jesus, Inter Varsity Press. Downers grove Illinois, USA 1989

Made in the USA
Middletown, DE
16 December 2021